Collection dirigée par Thanh-Vân Ton-That

PARCOURS MÉTHODIQUE

L'ÉPREUVE DE VOCABULAIRE D'ANCIEN FRANÇAIS

FICHES DE SÉMANTIQUE

Laurence HÉLIX

EDITIONS
DU TEMPS

ISBN 2-84274-095-5

70 rue Hermel, Paris 18e.

PRÉSENTATION

La question de sémantique fait partie de l'épreuve d'ancien français imposée aux candidats du CAPES et de l'agrégation de Lettres Modernes. Généralement constituée de deux termes choisis à l'intérieur d'un texte antérieur à 1500, elle représente un cinquième des points. Le travail demandé au candidat est important mais, à condition d'organiser son travail de façon rigoureuse et ordonnée, on peut considérer que c'est une épreuve « fiable » qui permet d'acquérir « à coup sûr » les quatre points espérés. C'est pourquoi, en guise d'introduction à cet ouvrage destiné avant tout à soulager la tâche des candidats, nous souhaitons rappeler quelques règles formelles élémentaires, afin qu'une présentation désastreuse le jour du concours ne gâche pas les efforts fournis durant l'année de préparation.

Tout d'abord, il ne faut jamais oublier que l'épreuve d'ancien français s'inscrit dans le cadre d'un CAPES ou d'une agrégation de Lettres Modernes ; autrement dit, un effort particulier doit être fait concernant le respect de la syntaxe, de l'orthographe et, plus généralement de l'expression écrite. Le style télégraphique doit être banni, et, en dépit du peu de temps imparti (deux heures et trente minutes pour l'ensemble des questions), une relecture s'impose.

D'autre part, le jury se plaint régulièrement des copies dans lesquelles les informations sont livrées sans aucune cohérence. Il faut au contraire suivre un ordre rigoureux, et organiser son travail de la façon suivante : 1. introduction (identification du terme – nature, genre et nombre, cas –, présentation sommaire du contexte) ; 2. développement chronologique ; 3. conclusion (qui peut se limiter à une phrase récapitulative).

Le développement est le cœur du devoir ; il doit suivre une progression chronologique dont voici les principales étapes :

1. Origine du mot (il faut ici donner l'étymon du mot en en précisant le sens, sans oublier de rappeler, si nécessaire, son évolution sémantique et / ou morphologique en latin vulgaire).

2. Acceptions du mot en ancien français (attention : il faut songer à expliquer, quand cela n'apparaît pas clairement, le passage du sens

étymologique au sens médiéval). Si les acceptions sont nombreuses, il faut organiser le paragraphe de façon logique, soit chronologique, si le sens du mot évolue au cours de la période médiévale, soit, pour les verbes par exemple, en fonction de leurs différentes constructions grammaticales.

3. Paradigmes : il s'agit du paradigme morphologique, qui comporte les mots de la même famille que le terme à étudier, et du paradigme sémantique, constitué des synonymes, antonymes...

4. Sens précis du mot dans le contexte à étudier : il ne s'agit pas de répéter la traduction proposée, mais, au contraire, de la justifier en fonction du contexte. D'autre part, il faut commenter l'emploi que l'auteur fait de ce mot dans le reste de l'œuvre (fréquence, autres acceptions éventuelles, etc.)

5. Évolution du mot jusqu'à l'époque moderne, ou, le cas échéant, jusqu'à la date de sa disparition.

Bien entendu, il faut soigner les transitions logiques entre les différentes rubriques, afin que le devoir puisse être lu de manière continue et agréable. En outre, pour plus de clarté, organisez votre devoir en paragraphes, sans faire apparaître explicitement les subdivisions. Enfin, rappelez-vous qu'une tête bien faite vaut mieux qu'une tête bien pleine, et qu'il ne s'agit pas d'accumuler des informations sans queue ni tête ; dans la rubrique relative aux paradigmes notamment, sachez faire le tri, et ne mettez pas sur le même plan les mots qui sont essentiels au Moyen Âge et ceux dont le jury lui-même aura à peine entendu parler ! Prouvez avant tout votre sens logique : si les connaissances peuvent s'estomper avec le temps, l'intelligence demeure !

BIBLIOGRAPHIE

Étymologie

- BAUMGARTNER (E.) et MÉNARD (Ph.), *Dictionnaire étymologique de la langue française*, Livre de poche (La Pochothèque), Paris, 1996.
- BLOCH (O.) et WARTBURG (W. von), *Dictionnaire étymologique de la langue française*, Paris, P.U.F., 1968.
- DAUZAT (A.), DUBOIS (J.), MITTERAND (H.), *Nouveau dictionnaire étymologique et historique*, Paris, Larousse, 1964.
- WARTBURG (W. von), *Französisches etymologisches Wörterbuch*, Tübingen et Basel, 1922. (25 volumes parus).

Ouvrages généraux

- ANDRIEUX-REIX (N.), *Ancien français. Fiches de vocabulaire*, Paris, P.U.F., 1987.
- BATANY (J.), *Français médiéval*, Paris, Bordas, 1972.
- BELLON (R.) et QUEFFELEC (A.), *Linguistique médiévale. L'épreuve d'ancien français aux concours*, Paris, A. Colin, Coll. « U », 1995.
- BRUNOT (F.), *Histoire de la langue française des origines à nos jours*, Paris, A. Colin, 1966.
- CHAURAND (J.), *Introduction à l'histoire du vocabulaire français*, Paris, Bordas, 1977.
- GOUGENHEIM (G.), *Les mots français dans l'histoire et dans la vie*, Paris, Picard, 1968-1975 (3 volumes).
- LANLY (A.), *Fiches de philologie française*, Paris, Bordas, 1972.
- MARCHELLO-NIZIA (C.), *L'évolution du français*, Paris, A. Colin, 1995.
- MATORÉ (G.), *Le vocabulaire et la société médiévale*, Paris, P.U.F., 1985.
- NYROP (K.), *Grammaire historique de la langue française*, Picard, 6 volumes (Formation des mots, Sémantique), 1925-1930.
- PICOCHE (J.) et MARCHELLO-NIZIA (C.), *Histoire de la langue française*, Paris, Nathan, 1989.
- WAGNER (R.L.), *Les vocabulaires français*, Paris, Didier, 1967, tomes 1 et 2.

Évolution sémantique

Outre le *Robert*, le *Grand Larousse de la langue française* (*GLLF*), le *Trésor de la langue française* (*TLF*), et, pour le français classique, les dictionnaires de l'Académie, de Richelet et de Furetière, vous pourrez consulter :

- DUBOIS (J.), LAGANE (R.), LEROND (D.), *Dictionnaire du français classique*, Paris, Larousse, 1971.
- GREIMAS (A. J.), *Dictionnaire de l'ancien français jusqu'au milieu du XVIe siècle*, Paris, Larousse, 1968.
- GREIMAS (A.J.), KEANE (T.M.), *Dictionnaire du moyen français. La Renaissance*, Paris, Larousse, 1992.
- HUGUET (A.), *Dictionnaire de la langue du XVIe siècle*, Paris, Champion et Didier, 1925-1967, 7 volumes.
- REY (A.), *Dictionnaire historique de la langue française*, Paris, Le Robert, 1992, 2 volumes.

Aides et domestiques au Moyen Âge

valet, escuier, garçon, sergent

Dans les textes du Moyen Âge, chevaliers et seigneurs sont souvent entourés de valets, écuyers, sergents et garçons chargés de les épauler dans leurs tâches administratives, domestiques, et militaires. Ces « aides et domestiques » retiendront d'abord notre attention.

Première partie : *Valet*

Étymologie

Valet est issu de **vassellitus*, diminutif de *vassus*, mot gaulois latinisé dans lequel on distingue le même radical celte que dans *vassal* et *vavasseur* (ainsi que dans le gallois *gwas*). *Vassus* désigne le « serviteur », la « personne soumise à l'autorité d'une autre ».

Ancien français

Le substantif *valet* est attesté depuis le milieu du XIe siècle sous les formes *vaslet*, *vallet*, *valet*, *varlet.* Le sens de « serviteur » est conservé en ancien français, mais *valet* peut aussi désigner (rarement) un enfant de sexe masculin, et (plus souvent) un « jeune homme » qui doit faire son apprentissage en se mettant au service d'un adulte. Le *valet* peut donc très bien désigner au Moyen Âge un « jeune homme noble » qui n'est pas encore armé chevalier. Voici, en guise de récapitulatif, les trois acceptions principales du terme en ancien français :

1. « Enfant de sexe masculin » :

> S'ot eü deux enfans ensemble,
> *Varlez* jumiaux de grant biauté. (*Galeran de Bretagne*, v. 72-73)

2. « Jeune homme de la classe noble » :

> Tout le monde blasme et reprent
> Jeune *varlet* et riche et hault
> Qu'en ne voit envoisié et baut. (*Ibid.*, v. 676-678)

3. « Serviteur » :

> Un sien *varlet* a li appelle,
> Commande li les selles mettre. (*Ibid.*, v. 3024-3025)

NB 1 : au sens de « serviteur », le mot peut être précédé d'un possessif, comme on le voit dans l'exemple cité ci-dessus, ou encore déterminé par un possessif qui le suit :

> A un *varlet* de sa maison
> Commande que il tantost le maint. (*Ibid.*, v. 6000-6001)

NB 2 : l'emploi de *valet* en apostrophe fait ressortir le sème de servitude inhérent au terme ; c'est pourquoi on peut alors y voir une nuance de mépris ou d'agacement qu'il convient de restituer dans la traduction :

> *Vaslez*, foi que je doi ma teste,
> fet li prodom, ainz valent pis ! (*Perceval*, v. 1610-1611)

Évolution

Dès le XIIIe siècle, *valet* prend le sens d'« apprenti », « aide du patron » : le sème de jeunesse reste alors dominant ; en moyen français cependant, ce sème passe au second plan, et celui de service prédomine ; *valet* peut alors désigner l'officier d'une maison princière ou royale. On le trouve en particulier dans des expressions telles que *valet de chambre* (XIVe siècle) : « domestique au service d'un particulier », ou *valet de pied* (XVe siècle) : « domestique en livrée suivant à pied les grands personnages ».

Le terme survit en français moderne au sens d'« écuyer » dans quelques rares cas (dans le jeu de cartes par exemple, au sein duquel le *valet* fait son apparition au début du XVIIe siècle), mais, depuis le XVIIe siècle, *valet* est surtout employé au sens de « domestique ». En outre, depuis le XVIe siècle, *valet* peut désigner un objet ou un appareil facilitant le travail (pensez notamment au *valet de nuit*).

Deuxième partie : *Garçon*

Étymologie

Garçon est issu du francique **wrakjo*, qui signifie « vagabond » (vieil anglais *wrecca* : « coquin »).

Ancien français

En ancien français, la déclinaison oppose le cas sujet *gars* au cas régime *garçon* ; cependant, sur le plan sémantique, les deux formes sont équivalentes et signifient :

1. « serviteur de statut social inférieur et occupant des fonctions subalternes » (à la chasse, dans les cuisines, ou à l'armée) ; le terme est alors synonyme de *sergent*, *valet* et, lorsqu'il s'agit de s'occuper des chevaux, concurrence *escuier* :

> Li *garçon* alument les feus
> es cuisines au mangier cuire. (*Perceval*, v. 2570-2571)

> Leur *garçon* et leur *escuiers*
> sans arrest troussent lor sommiers. (*Jehan et Blonde*, v. 5063-5064)

2. « misérable », « malotru », « lâche » (passage à une acception morale) :

> Trop seroit granz mesaventure
> se si tres bele criature
> et de si haut parage nee
> ert a *garçons* abandonee. (*Yvain*, v. 4135-4138)

NB : on trouve la même connotation péjorative dans *garçonnaille*, « vauriens », et dans le féminin *garce*, que l'on pourrait traduire par « fille débauchée », « fille de rien ».

Évolution

Avec la disparition de la déclinaison, *gars* se distingue de *garçon* :

– *Gars* se limite au lexique régional ou familier.

– *Garçon* désigne, à partir du XVIe siècle, un « individu très jeune de sexe masculin ». La connotation péjorative a donc régressé, même si le sème de domesticité reste visible au XVIIe siècle, chez Molière notamment. Aujourd'hui, seules les expressions « garçon de café » et « garçon-coiffeur » marquent la persistance du sème de service. Pour le reste, les sèmes de jeunesse et de masculinité l'emportent largement ; ainsi *garçon* désigne-t-il aujourd'hui soit un enfant de sexe masculin, soit un jeune homme, soit un homme non marié.

NB : notez la façon dont *garçon*, terme négatif désignant surtout un domestique au Moyen Âge, devient neutre et réfère surtout à la jeunesse après cette période, alors que *valet*, où domine en ancien français le sème de jeunesse, se spécialise ensuite au sens de « serviteur » et devient souvent un terme péjoratif.

Troisième partie : *Escuier*

Étymologie

Le mot vient du bas latin *scutarium* : « soldat de la garde impériale qui portait un bouclier » (latin *scutum* : « bouclier »). Par la suite, en latin médiéval, *scutarium* prend le sens d'« écuyer ».

Ancien français

Le mot apparaît sous la forme *escuier* du XIe siècle à la fin du Moyen Âge, *escuyer* au XVIe siècle, et enfin *écuyer* au début du XVIIIe siècle. Jusqu'au XIIe siècle, l'*escuier* est le plus souvent un gentilhomme placé au service du chevalier et portant son écu (exemple 1) ; cela dit, il peut aussi être synonyme de *sergent* et *valet* (exemple 2) :

> Si comande a metre sa sele
> et un suen *escuier* apele
> cui il ne celoit nule rien. (*Yvain*, v. 727-729)

> Est ce nul homme de cest estre,
> Sergens, varlez, ou *escuiers* ? (*Galeran de Bretagne*, v. 1574-1575)

A partir du XIIIe siècle en revanche, le mot désigne en général un jeune noble pas encore armé chevalier :

> Quant je reving a ma nef, je mis en ma petite barge un *escuier* que je fiz chevalier. (*Vie de saint Louis*, § 154)

Par extension, *escuier* devient alors un titre pour les gentilshommes du dernier rang puis pour les officiers d'un roi ou d'un prince ayant une fonction particulière (exemples : l'*écuyer de cuisine* et l'*écuyer tranchant*, en moyen français, le *Grand Écuyer*, qui s'occupe des écuries, etc.).

Évolution

A partir du XVIIe siècle, l'*écuyer* est avant tout « celui qui sait monter à cheval ». On rapproche en effet à tort le terme *écuyer* du latin *equus* (« cheval »). Par la suite apparaît même le sens de « professeur d'équitation », conservé aujourd'hui.

Quatrième partie : *Sergent*

Étymologie

Le mot se rattache au latin *servientem*, participe présent substantivé du verbe *servire* (« être au service de »), lui-même formé sur *servus* (« esclave », « serviteur »). En latin médiéval, le mot est parfois synonyme de *servus* (« esclave »), de *miles* (« soldat ») et de *ministerialis* (« agent de l'administration seigneuriale »).

Ancien français

1. A l'époque féodale, le *sergent* est toujours chargé d'une fonction, d'un office, civil ou militaire. Il s'oppose ainsi au *seigneur* et au *chevalier*, mais aussi au *serf* et à l'*esclave* ; en effet, une discrimination apparaît alors entre la notion de servitude et celle de service, alors que dans les premiers textes médiévaux, dans la *Vie de saint Alexis* notamment, les deux notions se confondaient. Plus précisément, le *sergent* est chargé d'épauler le seigneur dans l'administration et la défense de son domaine ; il peut s'agir d'un humble serviteur (en concurrence avec *vaslet* et *garçon*), ou d'un personnage plus important (gérant, prévôt, maréchal) :

> Li aporters enuier pot
> as *sergenz* qui des mes servirent. (*Yvain*, v. 5434-5)
>
> Donc prent li pedre de ses meillours *serjanz* :
> Par moltes terres fait querre son enfant. (*Vie de saint Alexis*, v. 111-2)

2. Dans un cadre militaire, le *sergent* dénomme quelquefois un « aide à cheval », et beaucoup plus souvent, un « aide à pied », un « fantassin » (par opposition au cavalier) ; c'est alors un terme générique sans référence à un emploi particulier (par opposition aux arbalètriers ou aux archers par exemple) :

> Nos avons ci de genz eslites
> .v.c. chevaliers toz armez
> et mil *sergenz* bien atornez. (*Perceval*, v. 2428-2430)

NB : cet emploi militaire est fréquent et rappelle l'ancienne synonymie du *sergent* et du *miles* latin ; cela dit, n'oubliez pas que cette fonction n'est qu'une facette parmi bien d'autres des services que doit rendre le *sergent* à son seigneur.

Évolution

Aux XIVe et XVe siècles, le terme *sergent* gagne ses lettres de noblesse : il désigne, dans le vocabulaire courtois, le « chevalier-servant » de la dame, et, surtout, le fonctionnaire royal chargé des missions de police, en concurrence avec les mots *commis* et *officier*, apparus au XIVe siècle. A partir du XVIIe siècle, *sergent* se restreint aux domaines militaire et politique, puis, au début du XXe siècle, à la seule fonction militaire : aujourd'hui, le mot désigne le grade le plus bas dans la hiérarchie des sous-officiers.

Amender

Étymologie

Le verbe *amender* vient du latin classique *emendare* (avec changement de préfixe), lui-même forgé sur le substantif *menda* : « faute », « défaut ». En latin, *emendare* signifiait « corriger », soit au sens de « corriger les fautes », « rectifier », « améliorer », soit au sens de « châtier », « punir » (cette dernière acception apparaissant chez Tacite).

Ancien français

1. *Amander* apparaît dans la langue au XIIe siècle (il faut attendre la fin du siècle suivant pour que se généralise l'orthographe moderne *amender*). Il conserve alors le sens étymologique de « corriger (une faute) », « réparer (un tort) ». Ainsi peut-on *amander un forfet* ou *un oltrage* :

> Mais pour çou c'*amender* vous voel
> Le grant outrage et le mesfait
> Que je sans raison vous ai fait,
> Vous vieng chi veoir a ceste heure. (*Jehan et Blonde*, v. 1190-1193)

Amander peut aussi se construire de façon intransitive, avec un datif indiquant la personne auprès de laquelle on s'amende :

> Il couverra que li *ament*,
> Puis soit l'amende a son talent. (*Jehan et Blonde*, v. 2601-2602)

Enfin, le verbe *amender* est souvent construit avec le pronom neutre *le*, désignant la faute commise ; on peut alors le traduire par « s'amender », « se racheter » :

> Mieuz le voil vers Deu *amender*
> Que mei hunir e vergunder. (*Fresne*, v. 93-94)

2. Plus généralement, *amender* peut référer à toute amélioration, qu'elle soit matérielle, physique ou morale :

a. Plan matériel : emploi transitif (« améliorer », « arranger ») ; emploi intransitif (« s'arranger, s'améliorer ») :

> Et s'il ot bien defors trovee
> la terre gaste et escovee,
> dedanz rien ne li *amanda*. (*Perceval*, v. 1747-1749)

b. Plan physique : emploi transitif (« guérir », « soigner ») ; emploi intransitif (« guérir », « se porter mieux », « grandir » en parlant d'un enfant) :

> Ha ! Percevax maleüreus,
> com fus or mesavantureus
> qant tu tot ce n'as demandé,
> que tant eüsses *amandé*
> le boen roi qui est maheigniez. (*Perceval*, v. 3569-3573)

c. Plan moral : emploi transitif (« rendre meilleur ») ; emploi intransitif (« devenir meilleur ») :

> A cest mot an estant se lieve
> Girflez cui li rois le comande,
> et mes sire Yvains, qui *amande*
> toz cez qui a lui s'aconpaignent. (*Perceval*, v. 2880-2883)

NB : notez enfin la fréquence de la formule *Se Dex m'ament*, en concurrence avec *Se Dex m'aïst* ; cette formule de serment signifie mot-à-mot « aussi vrai que je demande à Dieu de me rendre meilleur » mais il faut la traduire plus simplement par « j'en prends Dieu à témoin », « Dieu m'en soit témoin ».

Paradigme morphologique

- *Amendeur* : « réformateur ».
- *Amendise* : « réparation ».
- *Amendement* : « réparation, dédommagement, amélioration ».

• *Amendable* : « (personne) passible d'une *amende* », « (forfait) qui peut être réparé ».

• *Amende*, déverbal d'*amender* : « réparation d'un tort », « punition », « châtiment » (comme pour le verbe, l'orthographe moderne est attestée à la fin du XIIIe siècle).

NB : il existait au Moyen Âge divers types d'*amendes* : pécuniaires ou corporelles, selon le type de punition infligée, mais aussi arbitraires ou coutumières, selon qu'elles étaient fixées par les juges ou suivant la coutume du pays ; c'est seulement après le Moyen Âge que le mot désigne en priorité la « somme d'argent payée en réparation d'un tort ».

Évolution

Vers 1690, on commence à utiliser le verbe *amender* à propos d'une terre (*amender une terre* : « l'améliorer »), d'où le sens nouveau pris par l'adjectif *amendable*, qui peut désormais qualifier une terre « qu'on peut amender ». Au siècle suivant, par le biais de la langue anglaise, le verbe *amender* acquiert un sens juridique (« modifier (un texte de loi) »). Cette acception se développe ensuite grâce à la Révolution, de sorte qu'on parle couramment au XIXe siècle d'une loi *amendable*. Aujourd'hui, le verbe *amender* conserve les sens médiévaux de « corriger », « améliorer », en emploi transitif ou pronominal, mais aussi les sens acquis après le Moyen Âge : « améliorer (une terre) », et « modifier (un projet de loi) ».

Le substantif *amende* a subi quant à lui une restriction de sens, et ne signifie plus que « peine pécuniaire », « contravention », sauf dans les expressions *mettre à l'amende*, où *amende* signifie « punition légère », et *faire amende honorable*, qui acquiert à l'époque classique son acception actuelle (« reconnaître ses torts »).

Enfin, si *amendeur* et *amendise* ont aujourd'hui disparu, *amendable* demeure bien vivant ; quant à *amendement*, il ne subsiste que dans les domaines agricole et politique, les sens de « réparation » et « amélioration » étant signalés comme « vieux » dans le *Petit Robert*.

Appareillier

Étymologie

Appareillier vient du latin vulgaire **appariculare*, lui-même dérivé du latin classique *apparare,* ces deux verbes signifiant « préparer », « apprêter ».

NB : il ne faut pas confondre *appareillier* dérivé de **appariculare* avec son homonyme *appareiller* dérivé de *pareil* (du latin tardif *pariculus,* diminutif de *par,* « semblable, « identique »), qui signifie « rendre pareil », « assortir ».

Ancien français

Le verbe apparaît au XIe siècle avec le même sens et la même construction que son étymon ; par la suite, en revanche, il accepte aussi l'emploi absolu et l'emploi réfléchi. Il convient donc de l'étudier en fonction de sa construction :

1. Emploi transitif direct : « préparer », « apprêter » (des armes, des chevaux, une maison...), « équiper » (une personne), mais aussi « soigner », « panser » (une blessure) :

> El hafne out une sule nef,
> Dunt Guigemar choisi le tref.
> Mult esteit bien *apparillee.* (*Guigemar*, v. 151-153).

> Vos pri que vos me conselliez,
> tant que je soie *apparelliez*
> d'unes armes. (*Erec et Enide*, v. 607-609)

NB 1 : en ce sens, *appareiller* est très souvent utilisé en binôme avec les verbes *enseler* et *estrillier* (en parlant de chevaux), *aprester* et *atorner* (en parlant de repas ou de vêtements), *querre* (lorsqu'il s'agit de rassembler des bagages).

NB 2 : *apareillier* s'emploie fréquemment au participe passé avec un infinitif prépositionnel précédé de *de* ou *a* au sens de « prêt (à) », « disposé (à) » :

> Au matinet sont esvellié,
> si resont tuit *apparellié*
> de monter et de chevauchier. (*Erec et Enide*, v. 5131-5133).

> Nous estions *appareillés* a eulz sus courre.
> (*Vie de saint Louis*, § 239, 11).

2. Emploi réfléchi : souvent utilisé en corrélation avec *soi vestir* ou *soi atorner*, *soi apareillier* concerne surtout les préparatifs vestimentaires quotidiens :

> Sa femme et sun fiz i menast
> E richement *s'apareillast.* (*Yonec*, v. 475-476)

3. Emploi absolu : cet emploi du verbe est peu fréquent mais important puisqu'il est le seul à subsister en français moderne. *Apareillier* signifie alors : « faire les préparatifs indispensables » :

> Aprés ces choses, il prist .CCC. homes a armes et les fist confesser et *appareillier.* (*Vie de saint Louis*, § 486, 7).

Paradigme morphologique

• *Apareil* : ce substantif est peut-être le déverbal d'*apareillier*, à moins qu'il ne soit le descendant du bas latin **appariculum* (diminutif du latin classique *apparatum*). Il signifie d'abord « préparatifs », puis « ensemble d'éléments disposés pour une fonction précise ». Au XVe siècle, il se spécialise dans le domaine militaire.

• *Apareillement* : ce substantif est formé sur *apareil*, avec ajout du suffixe [*-ement*] qui indique une action. Il signifie « préparatifs », « action de préparer », ou encore « ce qui a été préparé », l'« équipement », l'« ustensile ».

• *Apareillage* (fin XIVe siècle) : d'abord synonyme de *apareillement*, ce mot se spécialise au XVIIIe siècle pour désigner la « manœuvre pour quitter le port ».

• *Aparoilleres* (XIVe siècle) : il s'agit d'un nom d'agent, comme le marque en ancien français la terminaison *-eres* / *-eor*, puis *-eres* / *-eeur*, venue du latin *-ator* / *-atorem*. Il signifie de façon générale « ouvrier chargé de préparer quelque chose ». Au XVIe siècle cependant, le mot, devenu *appareilleur*, se spécialise : on ne l'utilise plus que pour les métiers du bâtiment.

Paradigme sémantique

Au sens de « préparer, équiper », *appareillier* a pour principaux concurrents :

- *Adouber*, issu soit du germanique **dubban*, « frapper », soit du latin *adoptare*, « choisir », « adopter ».
- *Aprester*, dérivé au Xe siècle du radical de l'adverbe latin *praesto* (« tout près, sous la main »).
- *Atorner*, formé du préfixe *a* et du verbe *torner*, lui-même issu du verbe latin *tornare* signifiant « tourner, façonner au tour » (de *tornus*, « l'instrument du tourneur »).
- *Conreer*, issu du latin **conredare*, qui est lui-même l'adaptation du gothique *garedan* (« pourvoir à »).
- *Garnir*, issu au Xe siècle du francique **warnjan* (« prendre garde à quelque chose », « surveiller »).

Au sens d'« apprêter », « orner », *appareillier* entre de nouveau en concurrence avec *aprester, atorner* et *conreer*, mais aussi avec les verbes suivants :

- *Acesmer*, jusqu'au XVIIe siècle.
- *Aorner* (qui sera remplacé par *orner*), issu du latin *adornare* (« parer », « embellir »).
- *Parer*, issu du latin *parare* (« préparer », « apprêter »).

Évolution

Appareiller : après le Moyen Âge, le verbe subit une forte restriction d'emploi ; au début du XVIIe siècle notamment, il n'est plus utilisé avec un COD que dans le vocabulaire technique (ex : *appareiller des filets de pêche, des gréements de navire, des pierres de taille*) ou, en emploi absolu, dans le domaine maritime (sens apparu au XVIe siècle : « faire les manœuvres pour quitter le port »). Dans le dictionnaire de Furetière, dès la fin du XVIIIe siècle, ce dernier sens est seul à subsister.

Appareil : à l'inverse de *apareiller*, le champ sémantique de ce mot se développe. En effet, si le sens de « préparatifs », « apprêts », ne subsiste que dans l'expression *dans le plus simple appareil*, le développement des sciences entraîne une multiplication de ses emplois (*appareil ménager, appareil digestif, appareil-photo*, etc.). Le mot désigne toujours, dans des contextes très variés, un « ensemble d'éléments constituant un tout cohérent ».

Armes (le vocabulaire des)

espee, espieu, dague, escu, lance, arc, arbaleste, heaume, haubert

De nombreux éléments de l'armement existent depuis l'Antiquité et notamment l'épée, arme par excellence du combattant ; cependant, au cours du Moyen Âge, les invasions normandes puis les croisades permettent d'améliorer, de transformer, et d'enrichir l'équipement.

L'Épée

1. Histoire

A tout seigneur tout honneur : l'*espee* est l'arme par excellence, présente dès l'Antiquité au poing du combattant et dans les textes. Arme d'estoc et de taille (= pour piquer et pour trancher), elle prend très tôt un caractère sacré et mythique ; celui-ci atteint son apogée aux XIIe et XIIIe siècles avec la quête du Graal et Excalibur, l'épée du roi Arthur, mais apparaît déjà avec évidence dans les chansons de geste : Hauteclaire, Durandal, Joyeuse, sont ainsi très souvent personnifiées (pensez à l'épisode célèbre de la mort de Roland, où le héros s'adresse à Durandal et tente de la briser pour que nul ne s'en empare).

Sanctifiée par l'Église, l'*espee* figure au troisième rang des insignes de la Couronne, après le sceptre et le monde ; elle peut symboliser le crucifix pour le combattant au seuil de la mort (pensez cette fois au chevalier Bayard, portant à ses lèvres son épée au moment de mourir puis enterré avec elle), mais elle est aussi un symbole militaire et judiciaire qui, porté la pointe en bas, précède le souverain dans les cérémonies.

2. Langue

Le terme *espee* vient du latin impérial *spatha* (Tacite), qui désigne une large épée à deux tranchants ayant remplacé l'épée romaine (latin classique *ensis, is*). Pour la petite histoire, sachez que c'est le diminutif de *spatha*, *spathula*, qui donna lieu à *spatule*, *omoplate*, puis à *épaule* !

Le chevalier ceignait ordinairement l'*espee* au côté gauche ; sa pointe était arrondie car le combattant frappait généralement de taille, afin de rompre les mailles du *haubert* de son adversaire. C'est pourquoi l'*espee* devait être très tranchante et faite dans le meilleur acier. Elle était rangée dans un fourreau d'où il fallait la sortir avant de combattre, d'où la récurrence de l'expression *traire l'espee* (« tirer l'épée » du fourreau) dans les textes médiévaux.

L'épieu et la dague

1. L'épieu

Cette arme, contrairement aux apparences, n'a rien à voir avec l'*espee*. Apparue à l'époque carolingienne, elle doit plutôt être rapprochée de la lance, puisqu'elle est, comme elle, constituée d'un bâton terminé par une pointe assez longue en fer acéré. Le mot *épieu* lui-même ne se rattache d'ailleurs pas à l'étymon *spatha* ; il est en effet issu du francique **speut* (cf. l'allemand moderne *spiess*). L'*épieu* pouvait être utilisé de trois façons différentes : soit on transperçait avec le corps de l'adversaire, soit on l'assenait sur sa tête, soit on le lançait comme un javelot.

2. La dague

D'étymologie obscure, la *dague* est, à la différence de l'épée, l'arme des assassins et des mercenaires. Apparue vers la fin du XIIIe siècle, elle est parfois appelée « miséricorde ». Pourvue d'une lame triangulaire de 30 cm environ, elle possède une poignée munie d'une garde simple à rondelle. Quant au pommeau, torsadé, il est souvent recouvert d'une peau pour éviter à la main de glisser. A la fin du Moyen Âge, cette arme d'estoc se transforme et devient une arme de taille avec un côté tranchant.

L'écu (ou bouclier)

1. Histoire

Outre la *rondache* carolingienne, bouclier rond en bois recouvert de peau et renforcé par des lames de cuivre, les soldats médiévaux utilisaient comme protection l'*écu*, arme mentionnée dès l'Antiquité, notamment dans l'*Iliade*. Élément important de l'armement du combattant, le *bouclier* est fait dans un matériau solide mais très lourd : fer, bois, ou peau préparée.

A l'intérieur du *bouclier* se trouve un système de courroies fixes : on passe le bras gauche par l'une, et la main droite saisit l'autre ; ces deux courroies sont appelées *enarmes* ; une troisième courroie, plus longue, appelée la *guiche*, permet de retenir l'*escu* dans le dos, de le suspendre à la selle du cheval, ou encore de le suspendre au cou, d'où la fréquence de l'expression *l'escu au col* dans les descriptions de combattants.

Jusqu'au milieu du XIIe siècle prédomine le *bouclier* rond, mais déjà, à Byzance, on voit apparaître une nouvelle forme, plus allongée : le bouclier a désormais la hauteur d'un homme (cf. les représentations sur la broderie de Bayeux), et sa forme, plus ovale, se termine en pointe à la base, ce qui permet de le ficher en terre. Ce *bouclier* est également muni sur le devant d'une bosse de métal, la *boucle*, qui le rend plus solide et plus sûr, car le fer de l'adversaire se brise ou glisse à son contact.

2. Langue

Escu a pour étymon le latin *scutum*, « bouclier », lui-même issu du grec *skutos*, « peau travaillée », « cuir ». En ancien français, le terme apparaît dès la *Chanson de Roland*, vers 1090, sous la forme *escut*, et conserve son sens latin. On l'utilise dans des expressions du type *porter escut* (« combattre », milieu XIIe siècle), ou *rendre son escu* (« s'avouer vaincu », XIIIe siècle). Au même paradigme morphologique appartiennent l'*écusson* (qui désignait au XIIIe siècle un « écu armorial »), et, surtout, l'*écuyer* (voir la fiche sur ce terme, p. 10).

Au sens figuré, *escu* peut signifier « homme d'armes » dès le milieu du XIIe siècle, et « protecteur » de la fin du XIIe au XVIe siècle. A partir du XIIIe siècle, le mot acquiert une nouvelle acception dans le domaine de l'héraldique : « champ en forme de bouclier où sont représentées les pièces des armoiries », avant de désigner par métonymie, au XIVe siècle, les « armoiries » mêmes.

En moyen français, l'*escu* désigne une pièce d'or fin (elle portait à l'origine l'écu de France d'un côté), puis une pièce d'argent. Ce sens perdure bien au-delà du Moyen Âge et donne lieu à de nombreuses expressions depuis l'époque classique jusqu'au XIXe siècle : *n'avoir pas un écu vaillant*, *avoir des écus moisis*, *remuer les écus à la pelle*, *mettre écu sur écu*, etc.

Toujours dans le domaine monétaire, notez qu'au XVIIIe siècle l'*écu* pouvait désigner un papier de petit format avec, précisément, un *écu* en filigrane. Aujourd'hui, bien qu'il ait été détrôné par l'*euro*, l'*écu* reste dans l'actualité monétaire européenne tout en demeurant synonyme de *bouclier*.

NB : *bouclier* était à l'origine un adjectif accolé à *escu* ; l'*écu bouclé* était en effet un *écu* avec une bosse centrale (du bas latin *buccula* : « boucle ») ; ensuite, *bouclier* est resté au sens d'« écu » tandis que ce dernier mot déclinait en moyen français. On le trouve dans les expressions *levée de boucliers* (XVe siècle) et *faire bouclier de quelque chose*, qui remplace au XVIe siècle la formule médiévale *faire escu de qqch.*

La lance (ou glaive)

1. Histoire

La *lance* de combat du cavalier, brandie à bout de bras, est déjà connue durant l'Antiquité. Comme l'*espee*, elle est l'arme offensive par excellence, et ne sera abandonnée dans les cavaleries qu'au début du XXe siècle.

Au Moyen Âge, elle est aussi appelée *glaive* (du latin *gladius* : « épée », influencé par *clava* : « massue ») ; son épaisseur ne varie guère au cours des siècles, contrairement à sa longueur et à son poids, qui augmentent au XIIIe siècle afin de la rendre plus offensive (à la fin du Moyen Âge, sa longueur oscille entre 3,60 m et 4,20 m). En dehors du combat, la *lance* se portait sur l'épaule, ou posée au travers de l'arçon de la selle. Pendant le combat en revanche, le cavalier tenait de la main droite, sous l'aisselle, le bois couché de sa *lance*.

NB 1 : au XIIIe siècle, la pratique des joutes nécessita des armes émoussées et non meurtrières dont les hampes, en bois de sapin, étaient creusées à l'intérieur afin d'être plus légères.

NB 2 : sous le fer de lance, de longueur et de forme variables, on voit parfois sur les représentations une petite flamme : le *gonfanon* ; il s'agit d'une banderole d'étoffe de forme rectangulaire puis carrée que les princes régnants, les chevaliers bannerets et les seigneurs suzerains arboraient comme signe de reconnaissance.

2. Langue

Lance a pour étymon le latin *lancea* (« arme de jet, pique »), mot probablement d'origine celte. Quant au substantif *hampe*, il est l'altération de *hante*, lui-même issu du latin *hasta* (« lance »), influencé par le germanique **hand* (« main »).

Après le Moyen Âge, la forte valeur symbolique de la *lance* la fait entrer dans de nombreuses expressions imagées : *baisser la lance devant qqn* (XVIIe siècle), *rompre une lance avec qqn* (XVIIIe siècle). Aujourd'hui encore on parle de *joute oratoire*, et le syntagme *fer de lance* conserve les significations imagées acquises à la Renaissance (pensez notamment au *fer de lance* d'une offensive économique).

L'arc et l'arbalète

1. L'arc

L'*arc* se développe en Occident à partir de l'époque carolingienne ; sa légèreté et son faible coût expliquent sa popularité parmi les gens du peuple, d'où sont issus la plupart des corps d'archers. Il mesure environ 1,50 m et ses cordes sont généralement constituées de nerfs de bœuf ; quant aux flèches, ce sont des baguettes de pin ou de frêne d'une longueur approximative de 80 cm, terminées par une pointe de fer triangulaire.

Issu du latin *arcus* (« arc »), le mot apparaît en ancien français au XIe siècle, tandis que l'*arc-en-ciel* et l'*arc-boutant* sont respectivement attestés aux XIIe et XIVe siècles. Au même paradigme morphologique appartiennent les substantifs *arche*, *archer*, *archet*, et *arceau* (tous quatre apparus au XIIe siècle), et le verbe *archer* (XIIIe siècle), remplacé au XVIIe siècle par *arquer*.

2. L'arbalète

De l'*arc* dérive l'*arbalète*. Moins facile à manier mais beaucoup plus efficace et meurtrière, elle fut interdite par le Concile du Latran en 1139. Son usage se développa cependant à la fin du XIIe et au XIIIe siècle, sous l'impulsion de Philippe Auguste et de Richard Cœur de Lion. Cette arme se compose d'un arc monté sur un fût de bois où une rainure est pratiquée pour recevoir et diriger le projectile. La corde, d'abord tendue à la main, puis avec l'aide du pied, finit par l'être mécaniquement, et les différents systèmes de bandage donnent alors lieu à plusieurs sortes d'arbalètes, notamment l'*arbalète à tour*. Les projectiles employés sont la *saiete* (« flèche »), le *quarrel* (« flèche munie d'un fer pyramidal »), et le *vireton* (« flèche empennée en hélice avec des lamelles de bois ou de fer »). Comme les archers, les arbalétriers bénéficiaient de certains privilèges et possédaient un statut plus élevé que celui des fantassins ; ils étaient généralement issus de la bourgeoisie.

Le substantif *arbalète*, orthographié tout d'abord *arbaleste* ou *arbalestre*, apparaît au XIe siècle. Il est issu du latin *arcuballista*, du latin *arcus* (« arc »), et *ballista* (« machine de jet »).

Le heaume

1. Histoire

Le *heaume* désigne un casque ovoïde ou conique, en fer ou en acier, muni sur le devant d'une pièce appelée *nasal* parce qu'elle protège le nez. Renforcé parfois de bandes longitudinales métalliques, il couvrait la tête et le visage.

Ce casque était parfois ciselé, orné de pierreries ou peint, et toujours étincelant. Il était souvent surmonté d'un signe distinctif et particulièrement d'un gant ou d'une manche appartenant à la demoiselle dont le combattant se faisait le champion.

2. Langue

Le terme est tout d'abord orthographié *helmus* dans les *Gloses de Reichenau* (VIIIe siècle), forme latinisée du francique **helm* (« casque »), puis *helme* et *healme* dans la *Chanson de Roland* (fin XIe siècle) et, enfin, *heaume* au XIIe siècle. A cette époque, le mot conserve son acception originelle et en acquiert une nouvelle dans le domaine de l'héraldique : « casque surmontant l'écu d'armes » (qui signale le rang ou le degré de noblesse du possesseur).

Quelques dérivés de *heaume* existent en ancien français : *heaumier* (« fabricant de heaumes »), *heaumerie* (« fabrique de heaumes »), et *heaumet* (« petit heaume »), mais ils sont rares.

Aujourd'hui, *heaume* demeure comme terme historique et terme de blason, mais il ne correspond plus à une réalité contemporaine ; c'est pourquoi il est préférable de le traduire par « casque » quand vous le rencontrez dans un texte médiéval.

NB : plus léger et moins cher que le *heaume*, le *bassinet* était dérivé de la *cervelière* du haut Moyen Âge, calotte de fer s'ajustant sur le crâne. Il équipait le plus souvent l'homme de pied, au dernier échelon de la hiérarchie militaire. Quant au *chapel de fer*, simple cervelière munie d'un bord et d'une visière en pointe, il était surtout apprécié lors des croisades, car il était moins étouffant que le *heaume* qui est fermé.

Le haubert (ou cotte de mailles)

1. Histoire

Le port de la cotte de mailles caractérise les XI-XIIe siècles ; déjà connue des Romains, elle était constituée de petits anneaux en fer forgé passés l'un dans l'autre et soudés à leurs extrémités. Élastique et souple, cette cotte, très coûteuse, ne se répandit que lentement. Il s'agissait précisément d'une chemise en mailles avec des manches, un gorgerin et un capuchon qui servait à protéger le soldat contre les traits envoyés par l'ennemi ; néanmoins, très inconfortable, elle ne pouvait être revêtue lorsque le soldat était blessé. Les chansons de geste de l'époque la désignent aussi sous les vocables *brunie* ou *jaserenc* ; son col était parfois accompagné d'un capuchon de mailles entourant le cou et le menton : la *ventaille*.

2. Langue

Le mot vient du francique **halsberg* (*hals* : « cou » et *bergen* : « protéger, mettre en sûreté »). L'étymon est encore sensible lors des premières apparitions du mot en ancien français : *haberc*, ou *halberc*, notamment dans la *Chanson de Roland*. On rencontre aussi dans ce texte une forme *osberc* plus étonnante, sans doute influencée par l'ancien provençal *ausberc*, preuve intéressante du commerce des armes entre le Nord et le Sud à l'époque.

En moyen français, *haubert* désigne toujours une partie de l'équipement du chevalier et entre dans la formation du syntagme *fief de haubert*, qui désigne un fief dont le possesseur doit servir le roi à la guerre et a donc le droit de porter le *haubert*, symbole de son rang. Au même paradigme appartiennent le *haubergeon* (« haubert court ») et le *hau-*

bergier (« fabricant de hauberts »), mais ce dernier mot est rare en ancien français.

Aujourd'hui, *haubert* demeure dans le vocabulaire historique, mais n'a plus aucun rapport avec la réalité contemporaine de l'armement. C'est pourquoi, là encore, je vous conseille de le traduire par « cotte de mailles ».

NB : de même que le *bassinet* remplaçait le *heaume* pour les fantassins et les soldats les moins argentés, la *broigne*, tunique de cuir rembourré sur laquelle étaient cousues des écailles de fer imbriquées, se substituait souvent au *haubert* pour les soldats de l'infanterie.

Aventure

Étymologie

Le mot *aventure* vient du latin *adventura*, pluriel neutre de *adventurus*, lui-même participe futur de *advenire* (« survenir », « arriver »). En latin vulgaire, *adventura* fut pris à tort pour un nom féminin, ce qui permit son passage sans problème en ancien français comme nom commun féminin singulier.

NB : ce dernier phénomène est extrêmement fréquent ; ainsi, le pluriel neutre de *folium*, *folia*, fut pris pour un féminin à basse époque, et donna lieu au substantif *feuille* féminin singulier en ancien français.

Ancien français

1. Le terme apparaît au XIe siècle dans les *Lois de Guillaume* et désigne tout d'abord, de manière globale, « ce qui doit ou peut arriver » (conformément aux différents sens possibles du participe futur en latin), c'est-à-dire « l'événement ». La notion de destin et de hasard est alors au cœur du noyau sémique (l'événement étant ce que l'on ne peut ni contrôler ni prévoir), d'où les expressions :

– *D'aventure* : « peut-être ».
– *Ore est del tut en aventure* : « le sort en est jeté ».
– *Par aventure* : « par hasard ».

> Fors s'en eissi ; *par aventure,*

Unques nuls ne la desturba. (*Guigemar*, v. 676-677)

– *Selon l'aventure* : « au hasard des circonstances » :

Il li souvient de la doctrine
Et de la doulce nourreture
Qu'on li fist *selon l'aventure*. (*Galeran de Bretagne*, v. 7778-7780)

2. Cela dit, il arrive souvent que l'événement surgisse quand on l'attend ou qu'on le cherche, et surtout, quand on en est digne. Avec le développement des romans de chevalerie et des romans courtois (XIIe siècle), l'*aventure* est de plus en plus souvent vécue comme une quête, une recherche, presque toujours dangereuse ; ainsi, dans *Yvain*, de Chrétien de Troyes, le chevalier cherche l'aventure et doit se rendre à la fontaine pour la trouver. Se développent alors d'autres expressions qui témoignent de ce glissement sémantique :

– *Metre en aventure* : « risquer »
– *Estre en aventure* : « être en danger »
– *Soi partir d'aventures perilleuses* : « se tirer d'un mauvais pas », « échapper à un danger »
– *En aventure* : « exposé aux dangers »
– *En aventure de* : « au risque de »
– *Soi metre en aventure* : « prendre un risque »

Un mantel cort de soie an grainne
a afublé sor sa chemise,
si s'est en *avanture* mise
come hardie et corageuse. (*Perceval*, v. 1950-1953)

NB 1 : seuls les chevaliers dignes de ce nom cherchent et « réussissent » l'*aventure* puis acquièrent, grâce à elle, le *pris*, le *los* (« louange », « prix »), et l'*honor*. Autrement dit, au XIIe siècle, l'*aventure* apparaît de plus en plus comme une épreuve de type initiatique capable de distinguer les héros du commun des mortels.

NB 2 : dans le domaine littéraire toujours, l'*aventure* prend souvent une dimension extraordinaire au sens propre, et désigne ce qui est digne d'être raconté ; le mot devient alors quasiment synonyme de *estoire*, *conte*.

Paradigme morphologique

• *Malaventure*, synonyme de *mesaventure* (XIIe siècle) : « malchance », « événement fâcheux ».

• *S'aventurer* (XIIe siècle) : « prendre un risque », « partir à l'aventure ».

• *Aventureux* (XIIe siècle) : « risqué », « qui cherche l'aventure ».

• *Aventurier* (XVe siècle) : « homme qui cherche l'aventure », autrement dit, qui va au-devant de son destin.

• *Aventurine* (XVIIe siècle) : pierre artificielle faite en jetant « à l'aventure » de la limaille sur du verre en fusion.

Évolution

Depuis le XVIIe siècle, *aventure* peut désigner une « histoire d'amour passagère ». Plus généralement, le terme continue de renvoyer aujourd'hui à la notion de hasard et d'imprévu, notamment dans les expressions :

– *partir à l'aventure* (*à l'aventure* étant une expression apparue au XIVe siècle),
– *aimer l'aventure,*
– *si d'aventure,*
– *par aventure.*

Le sens d'« histoire extraordinaire, récit hors du commun » subsiste aussi (*Les Aventures de Tom Sawyer*). Quant aux termes du paradigme (*aventureux*, *s'aventurer*, *mésaventure*), ils demeurent très vivants et conservent leur acception d'origine. Notez simplement que le mot *aventurier* acquiert au XIXe siècle un sens péjoratif, de même que son équivalent féminin *aventurière*.

Bacheler

Étymologie

Bachelier est la forme altérée par changement de suffixe de l'ancien français *bacheler* (XIe siècle), sans doute issu du bas latin **baccalaris*, attesté au IXe siècle sous la forme *baccalarius*.

Le mot est d'origine assez obscure ; il pourrait avoir désigné le « tenancier d'une *baccalaria* », terme d'origine gauloise (?) désignant une petite propriété ; autrement dit, le *baccalarius*, tenancier d'un petit domaine, aurait occupé à l'origine le degré inférieur de la hiérarchie féodale.

Ancien français

1. Le mot *bacheler* apparaît en ancien français au XIe siècle. Le terme désigne alors un « jeune homme placé au degré inférieur de la hiérarchie féodale », et aspirant à devenir chevalier. Pas encore *chasé* (c'est-à-dire « pourvu d'un fief », comme l'est un chevalier), il possède un statut à mi-chemin entre celui de l'écuyer et celui du plus modeste chevalier.

NB 1 : il faut noter d'emblée l'importance littéraire potentielle de ce personnage qui, parce qu'il ne possède pas de terres, va souvent devenir un aventurier, donnant ainsi lieu au mythe du chevalier errant.

NB 2 : parce qu'il n'est pas encore installé dans la vie, le *bacheler* est rarement marié ; c'est pourquoi le terme peut désigner un « jeune homme célibataire » (pensez à l'anglais *bachelor*, qui a conservé ce sens aujourd'hui).

2. Dès le XIIe siècle néanmoins, il n'est plus possible d'attribuer au *bacheler* un statut juridique, professionnel ou social précis ; le terme peut désigner un noble ou un roturier (voire un serf), un homme célibataire ou marié, etc. Autrement dit, le substantif *bacheler* correspond à l'idée très générale de « jeune homme », tout en suggérant l'audace et la générosité, qualités généralement attribuées à la jeunesse. Dans cette occurrence de *La Prise d'Orange*, par exemple, le terme désigne Sorbant de Venise, personnage très jeune mais adoubé, puisqu'il peut porter les armes :

> Un *bacheler* juene et de barbe prime,
> Qui de deport et d'armes set bien vivre. (*La Prise d'Orange*, v. 625-6)

De même, le substantif *bachelier* (notez le changement de suffixe : nous sommes au XVe siècle) est associé à l'adjectif *vaillant* dans ce passage de la *Farce de Maistre Pierre Pathelin* :

> … Vëez vostre pere ;
> vous luy resemblez mieulx que goute
> d'eaue, je n'en fais nule doubte.
> Quel vaillant *bachelier* c'estoit.
> (*Farce de Maistre Pierre Pathelin*, v. 168-171)

En général, le terme *bacheler* est donc employé avec une valeur laudative, ce qui empêche son utilisation à propos d'un *villain*. Cela est surtout vrai dans les chansons de geste, type de textes où la jeunesse est souvent valorisée. Néanmoins, il existe des contre-exemples, comme dans cette autre occurrence de *La Prise d'Orange* où le terme, qui désigne cette fois le chevalier Guielin, implique toujours l'idée de jeunesse mais se trouve associé à l'insulte *glouton*, très commune en ancien français :

> Vez cel glouton, cel juesne *bacheler*,
> Riens que tu dies ne prise un seul denier.
> (*La Prise d'Orange*, v. 1595-1596)

Paradigmes

L'ancien français utilise en concurrence avec *bachelier* les termes *meschin*, *jovene*, *damoisel*, qui désignent tous un « jeune homme de valeur », ainsi que les substantifs *chevalier*, *vassal*, *preudome*, *gentilhomme*, où le sème de jeunesse est absent.

Dans le paradigme morphologique, signalons simplement la *bachelerie*, qui désigne en ancien français les qualités du *bacheler* (traduction : « mérite », « courage ») ou un groupe de *bachelers*, et, chez Villon, le substantif féminin *bachelette* (« servante »), qui résulte sans doute du croisement entre *bachelor* et *baisselette*, ce dernier mot signifiant lui aussi « servante » au Moyen Âge.

Évolution

Le sens très général de « jeune homme » survit jusqu'au XVIIe siècle, notamment chez La Fontaine. Mais le mot, qui est, déjà, perçu comme un archaïsme, disparaît ensuite, remplacé par *jeune homme*, *jeunes gens*, etc.

C'est en moyen français, au XIVe siècle plus exactement, qu'apparaît le sens universitaire, seul à subsister aujourd'hui ; le mot *baccalarius*, devenu *bachelier*, désigne alors le titulaire du premier grade dans les facultés (d'abord dans les facultés de médecine, puis de droit, puis dans toutes les facultés). Le rapport de sens est ici l'idée de jeunesse, puisque les *bacheliers* sont à l'université les *juniores*, c'est-à-dire les plus jeunes. Au siècle suivant apparaît le féminin *bacheliere*, qui désignera au XVIIIe siècle une « femme lettrée, savante ».

Annexe – Quelques mots sur *baccalauréat*

L'histoire de ce mot, apparu sous sa forme actuelle au XVIIe siècle, est à la fois amusante et compliquée : *baccalauréat* est un dérivé du mot *baccalarius*, refait de façon bouffonne en *baccalaureatus* au Moyen Âge par les étudiants des universités. Le laurier étant l'emblème du triomphe (pensez à la célèbre couronne de lauriers), les étudiants de l'époque ont feint de croire que *baccalarius* venait du latin *baca lauri* (« baie de laurier ») ; ils ont ainsi transformé, par le jeu d'une fausse étymologie, le *baccalarius*, simple « jeune homme », en un *baccalaureatus*, c'est-à-dire un « jeune homme couvert de baies de laurier », tel un triomphateur romain. Le terme a ensuite été repris en 1680 et francisé en *baccalauréat*, et désigne aujourd'hui le diplôme de fin d'études secondaires.

Ber, baron

Étymologie

Ce substantif est issu du germanique **baro*, devenu en bas latin, suivant la déclinaison de l'argot militaire en *-o, -onis*, **baro, baronis*. Le balancement d'accent serait à l'origine du paradigme à deux bases de l'ancien français : **baro* > *ber*, tandis que **baronem* > *baron*.

NB : malgré la racine unique **baro, baronis*, la plupart des linguistes supposent l'existence antérieure de deux substantifs *baro* de sens différent : l'un, opposé à *mulier* et *servus*, aurait signifié « l'homme libre », le « guerrier », tandis que l'autre aurait désigné un « haut fonctionnaire », puis, à partir du IXe siècle, un « haut personnage ».

Ancien français

1. Avant les invasions franques du Ve siècle « grâce » auxquelles le mot arrive en France, le *baro*, on l'a vu, pouvait désigner « l'homme libre », « le guerrier », autrement dit, il était l'équivalent du *vir* latin. Cela explique son emploi fréquent en ancien français pour désigner « l'homme » par opposition à la femme, et notamment le « mari » (souvent précédé du possessif dans ce cas) :

Sis peres li duna *barun*,
un mut riche humme del païs. (*Milon*, v. 124-125)

La reïne, qui tant est esbahie de ceste chose, dist en plorant a celui qui a li parloit qu'ele n'avoit talent de *baron* prendre. (*La Mort Artu*, § 139, 3)

2. De l'autre sens de *baro* (« fonctionnaire », puis « haut personnage ») dériveraient les autres acceptions du terme en ancien français : « grand personnage » et, plus précisément, « personnage noble s'intégrant dans la hiérarchie entre le chevalier et le comte ». Dans ce dernier cas, vous pouvez conserver le terme dans une traduction en français moderne ; néanmoins, n'oubliez pas que le mot a généralement un sens beaucoup plus étendu et peut désigner n'importe quel noble, la hiérarchie étant de toutes façons beaucoup plus floue dès que les termes passent dans le champ littéraire. Dans le *Pèlerinage de Charlemagne*, nous ne sommes donc pas étonnés de voir un duc « baron » :

Et dist li emperere : « Gabez, Naines, li dus ! »
« Volentiers », dist li *bers*. (*Pèlerinage de Charlemagne*, v. 531-532)

NB : les *barons*, politiquement très importants, forment l'entourage des suzerains et du roi, dont ils sont aussi les conseillers. Cela apparaît clairement chez les chroniqueurs :

Le roy manda ses *barons* pour avoir conseil que il feroit.
(*Vie de saint Louis*, § 149, 1)

3. La grande valeur du *baron* a donné au terme une valeur quasi adjectivale au Moyen Âge (c'est le cas aussi de *vassal*, qui peut s'utiliser comme attribut pour évoquer les qualités de vaillance d'un personnage). Ainsi, dans la *Chanson de Roland*, où le terme apparaît 120 fois (le *ber*, qui est à l'origine un guerrier, a une fonction très importante dans la chanson de geste), Charlemagne est qualifié de *ber et cumbatant* ; de même, dans *La Prise d'Orange*, l'adjectif devient quasiment une épithète « homérique » pour Guillaume :

Amis, beau frere, dit Guillelmes *le ber*. (v. 239)
Li cuens Guillelmes fu mout gentiz et *bers*. (v. 1862)

Paradigme morphologique

Plusieurs termes sont dérivés de *baron*, parmi lesquels on note les substantifs *baronie*, *barnage*, et *baronaille*. Le plus important est *barnage*, synonyme de *baronie*, qui désigne, dès la *Chanson de Roland*, l'« ensemble des barons », la « vaillance », ou encore l'« exploit », le « coup d'éclat » :

> .II. foiz se pasme sor le marbrin degré,
> Quant le *barnage* le corut relever. (*La Prise d'Orange*, v. 1703-1704)
> Sire Guillelmes, mar vi vostre *barnage*
> Vostre gent cors et vostre vasselage. (*Ibid.*, v. 1549-1550)

Paradigme sémantique

Si *baron* et *chevalier* sont fréquemment employés comme synonymes, le premier est souvent de plus haute naissance que le second. En outre, par opposition au *seigneur*, qui renvoie à l'idée d'autorité, au *vassal*, qui évoque la dépendance, les services rendus, au *chevalier*, qui réfère à la fonction sociale et militaire, et au *gentil hom* ou au *preudom*, célébrés pour leurs qualités morales, le substantif *baron* semble insister davantage sur le rôle politique du personnage ainsi dénommé.

Évolution

Le terme *baron*, si important dans le cadre féodal et guerrier, ne survivra quasiment pas à la mort du monde féodal. C'est pourquoi, à la fin du Moyen Âge et encore aujourd'hui, il est employé presque exclusivement pour désigner un personnage occupant le rang nobiliaire entre le chevalier et le vicomte.

Au XIXe siècle néanmoins, *baron* retrouve le sens médiéval assez vague de « personnage important », dans des domaines tels que la politique (on dit encore les *barons du gaullisme*), les affaires, la presse ou la finance, mais il s'agit alors d'un registre de langue plus familier. Au début du XXe siècle, dans la langue argotique, puis familière, le terme prend aussi le sens de « souteneur ».

Biaus et *biaultez*

Étymologie

Biaus est issu du latin *bellus*, diminutif familier et ancien de *bonus* ; dans la langue classique, le terme s'applique uniquement à des femmes et à des enfants (sens : « mignon », « gentil »), et devient ironique quand il s'agit d'adultes. On sent cependant encore le rapport avec *bonus* dans la locution *bellum est* (= « il est bon / bien de »).

Dans la langue populaire, *bellus* tend à remplacer *pulcher* et *decorus* (qui évoque plutôt la beauté décente, parée), puis, suivant les parlers romans, entre en concurrence avec *formosus* par lequel il est supplanté (cf. *hermoso* en espagnol), ou bien qu'il élimine, comme c'est le cas en ancien français et en italien.

Ancien français

1. Apparu au IXe siècle, *biaus* conserve en ancien français ses sens latins, mais s'étend à des domaines et objets beaucoup plus divers. Ainsi, l'adjectif peut référer désormais à la sainteté et à la richesse, au corps humain et aux qualités morales, aux animés et aux inanimés, etc. :

> O *bele* boche, *bels* vis, *bele* faiture,
> Com vei mudede vostre *bele* figure ! (*Vie de saint Alexis*, v. 481-482)
> Aveit a Rome une eglise molt *bele*. (*Vie de saint Alexis*, v. 567)

Il peut aussi accompagner des termes d'adresse et devenir l'équivalent de « cher » en français moderne : *bel ami*, *bel sire reis*, etc, autant d'expressions qui seront lexicalisées en moyen français (*beau-fils*, *belle-mère*, etc.), et évinceront alors les termes antérieurs :

> J'ai non *Biax Filz*. – *Biax filz* as ores ?
> Je cuit bien que tu as ancores
> un autre non. – Sire, par foi,
> j'ai non *Biau Frere*. (*Perceval*, v. 345-348)

2. Cela dit, et ce point est très important, l'idée de beauté est très rarement liée à l'idée de sensualité avant le début du XIIe siècle. Souvent employé à propos de personnages masculins, l'adjectif *biaus* évoque tout autant la beauté physique que la beauté morale, ce qui est d'ailleurs naturel dans une société où l'on considère la laideur comme une tare imposée par le Ciel, et où l'apparence extérieure est considérée comme le reflet exact de l'intériorité. Si les héros et les héroïnes sont toujours « beaux », tel le *Bel Inconnu* de Renaut de Beaujeu, c'est en raison de leurs vertus bien plus que de leurs qualités esthétiques.

3. La mutation intervient dans la littérature pré-courtoise, où la beauté est de plus en plus souvent associée à la femme. Évoquant désormais la sensualité et l'érotisme, « beau » peut avoir des connotations strictement esthétiques voire érotiques, indépendamment de toutes considérations morales (l'impossibilité, aux yeux de l'Église, qu'une femme soit à la fois belle et vertueuse ayant sans doute joué un rôle dans cette évolution). Un siècle plus tard, à partir de 1230 environ, le beau et le bon, termes associés en latin et dans la philosophie platonicienne, peuvent donc être dissociés, et *bel* n'actualise plus le sens de « bien » ou « bon » que dans l'expression *il est bel* ou en emploi adverbial :

> Cele nuit traisent au castel,
> Et furent servi *bien et bel*. (*Bel Inconnu*, v. 1817-1818)

4. En conclusion, on peut donc affirmer que la notion de beauté, qui s'applique aussi bien à des objets et à des bâtiments qu'à des êtres animés, est particulièrement floue en ancien français. Cela s'explique sans doute par le fait que le sentiment du beau n'est jamais analysé au Moyen Âge ; on le rattache chaque fois à des notions assez vagues de courtoisie, de mesure, d'élégance, de lumière, mais sa fréquence même montre bien son indétermination.

Le substantif *biaultez*

Dérivé de *bel*, ce substantif est d'abord attesté sous la forme *beltet, belté* ; dans la *Chanson de Roland* notamment, il réfère à un Sarrasin :

> Curant i vint Margariz de Sibilie ;
> Cil tient la tere entrequ'as Cazmarine.
> Pur sa *beltet* dames li sunt amies. (v. 955-957)

A partir du XIIe siècle cependant, plus encore que l'adjectif, *biaultez* s'emploie pour une femme ; ainsi, dans les *Tristan*, le terme renvoie 42 fois à une femme, et seulement 11 fois à un homme. Là encore, il faut souligner l'importance de la mutation courtoise et de la fascination pour le corps féminin qui l'accompagne.

Paradigmes

Il y a peu de choses à ajouter dans cette rubrique : en effet, *abelir*, *embellir*, *belesse* et *embeleter* sont rares en ancien français. De même, il convient de noter le peu de termes existant à cette époque pour exprimer le sentiment esthétique ; l'adjectif *joli*, par exemple, qui dérive sans doute de l'ancien norrois *jôl* (nom d'une grande fête païenne du milieu de l'hiver) renvoie seulement à la gaieté, voire à la frivolité, et pas du tout à la beauté.

Évolution

En moyen français, l'adjectif *beau* reste fréquent, plus en tous cas que le substantif *beauté*, notion encore trop abstraite pour les médiévaux (elle sera plutôt redécouverte au XVIe siècle). Au XVe siècle cependant se développent d'autres termes tels que *somptueux*, *splendide*, *flamboyant*, qui expriment mieux l'idéal esthétique de l'époque (pensez en particulier au domaine architectural) ; en outre, les adjectifs *avenant*, *plaisant* et *gracieux* enrichissent le vocabulaire médiéval, qu'ils orientent vers plus de nuance et de subjectivité, tandis que *joli* acquiert le sens de « plaisant », « agréable à regarder ».

Après le Moyen Âge, concurrencé par des termes plus précis, *beau* se banalise et tend à perdre toute valeur dans des expressions figées telles que *un beau jour*, *mordre à belles dents*, etc. Son emploi adverbial se développe également, notamment dans la locution *avoir beau* et dans les expressions *tout beau*, et *de plus belle* (laquelle signifie d'abord « de nouveau », puis « encore plus fortement »).

Enfin, toujours au XVIe siècle, l'adverbe *beaucoup* (écrit en un mot depuis le XIVe siècle mais qui était à l'origine un substantif accompagné d'un adjectif désignant une « grande et belle chose ») supplante *moult* et *biau* dans leurs emplois adverbiaux.

Blessure et mutilation (le vocabulaire de la)

navrer, blescier, ferir,

malemettre, meurtrir, mehaignier

Étymologie

En latin classique, « blesser » se dit *vulnerare*, mais ce verbe disparaît en ancien français au profit de verbes issus du francique et du vieux norrois (comme la plupart des termes rattachés aux activités guerrières, qui sont en fait les vestiges des contacts – doux euphémisme ! – francs puis normands avec notre pays). Il faudra attendre le XVIe siècle, moment de relatinisation de la langue française, pour trouver des termes issus de ce verbe latin : *vulnérable*, *vulnéraire*, etc. Notons cependant que le verbe *ferire* (« frapper ») a donné *ferir* en ancien français.

Il existe essentiellement trois verbes franciques et norrois :

- **bletjan* (« faire une plaie ») > *blesser*
- **nafarra* (« percer ») > *navrer*
- **murthrjan* (« commettre un meurtre ») > *meurtrir*

La pluralité et la précision de ces verbes enrichissent et nuancent la langue française après le Ve siècle (un peu plus tard pour **nafarra*, issu du vieux norrois), mettant ainsi fin à une certaine confusion sémantique, puisque *ferir* par exemple signifiait à la fois « frapper » et « blesser ». « Grâce » aux Francs et aux Normands, les champs sémantiques de la blessure et du coup, auparavant confondus, deviennent donc distincts.

Ancien français

Grâce aux apports francs et norrois vus précédemment, on note une grande richesse en ancien français du vocabulaire de la blessure, que l'on retrouve au sein de toute la littérature, et en premier lieu bien sûr dans la chanson de geste. En voici les principaux représentants :

Navrer : « faire une blessure ouverte », « provoquer une plaie », le plus souvent avec effusion de sang :

> A nous tout droit qui gardions le poncel vint le conte Pierre de Bretaingne, qui [...] estoit *navré* d'une espee parmi le visage, si que le sanc li cheoit en la bouche.
> (*Vie de saint Louis*, § 237)

NB : ce verbe très fréquent peut s'employer également dans un sens abstrait, et plus particulièrement dans un sens amoureux, ce qui est doublement logique, puisque Ovide, dès l'Antiquité latine, présentait l'amour comme une maladie nécessitant des soins, et que le dieu de l'amour, Cupidon, est armé d'un carquois et de flèches :

Ja ert sis quors en grant estrif,
Kar la dame l'ad si *nafré*,
Tut ad sun païs ublié. (*Guigemar*, v. 380-382)

Ferir : le verbe, en ancien français, retrouve essentiellement son sens premier de « frapper ». Il est lui aussi très fréquent, et souvent utilisé lorsqu'il y a combat à l'épée. Au Moyen Âge, on parle d'ailleurs de combats *bien ferus*, c'est-à-dire de combat où beaucoup de coups ont été frappés (= « où l'on s'est bien battu ») :

Fiert un paien en travers par darrier,
Aussi le cope comme un rain d'olivier. (*La Prise d'Orange*, v. 1005-6)

NB : à la forme pronominale, *soi ferir* a fréquemment le sens de « se précipiter » :

Le cheval broche des esperons tranchanz,
Fiert s'en la presse de la bataille grant. (*Ibid.*, v. 1835-1836)

Blesser : Au XIe siècle, on trouve le sens d'« amollir en frappant » dans les *Gloses de Reichenau* (cf. haut allemand *bleizza* : « tache produite par une meurtrissure »). Néanmoins, le sens dominant reste au long du Moyen Âge « contusionner », « meurtrir » :

Ces .VIII. Sarrazins traioient a la volee par mi nostre ost et
blecerent pluseurs de nos gens et de nos chevaus.
(*Vie de saint Louis*, § 257)

Paradigme sémantique

Trois autres verbes appartiennent au champ sémantique de la blessure en ancien français :

• *Malemettre*, formé du préfixe [*mal*] et du verbe *mettre*, possède un sens très vague, qui doit le plus souvent être précisé dans la traduction.

• *Meurtrir* apparaît au Xe siècle sous la forme *murdrir* ; il signifie tout d'abord « commettre un meurtre » (sens étymologique), mais son affaiblissement est très rapide et, dès la fin du Moyen Âge, il signifie simplement « contusionner ».

• Enfin, *méhaigner*, d'origine inconnue, signifie « mutiler ». On le trouve en particulier dans le *Perceval* de Chrétien de Troyes à propos du fameux roi *méhaigné*, blessé, suivant les manuscrits, « entre les hanches » ou « entre les cuisses » :

... Il fu an une bataille
navrez et *mahaigniez* sanz faille
si que il aidier ne se pot. (v. 3495-3497)

Évolution

Navrer : le verbe acquiert au XVIe siècle un sens abstrait et moral qui supplante bientôt les précédents. Aujourd'hui, *navrer*, employé surtout au participe passé et au participe présent, ne signifie plus que « contrarier », « désoler ».

Blesser : le verbe a gardé ses sens concret et abstrait (c'est-à-dire physique, moral, et affectif). Notez également la conservation de l'adjectif *blet* en parlant d'un fruit « meurtri » et trop mûr.

Férir : usuel jusqu'au XVIe siècle, le verbe laisse des traces au XVIIe siècle, mais est déjà vieilli au XVIIIe siècle. Aujourd'hui, seules subsistent les expressions *sans coup férir*, utilisée dans un sens figuré, et *être féru de qqch* (« être épris de, passionné pour qqch »), apparue à l'époque classique.

Meurtrir : là encore, on note un important affaiblissement du sens de ce verbe, qui n'est quasiment plus employé que de façon figurée.

Enfin, ***malemettre*** et ***méhaigner*** ont disparu (même si subsiste en canadien français le verbe *maganer* au sens de « blesser »).

Chaitif

Étymologie

Le mot est issu du latin vulgaire **cactivum*, croisement du latin classique *captivum* et du gaulois **cactos* (cf. l'irlandais *cacht* : « serviteur », et le breton *caez*, de même sens).

En latin classique, l'adjectif *captivum*, formé sur *captum*, participe passé de *capere* (= « prendre », « saisir »), signifie « prisonnier », « captif » ; substantivé, il désigne le « prisonnier de guerre ». Cela dit, chez Sénèque déjà, le mot peut référer au prisonnier d'une passion ; c'est pourquoi, chez les auteurs chrétiens, saint Augustin et saint Jérôme en particulier, le *captivum* est celui qui ne peut se délivrer de ses forces mauvaises parce que la grâce lui manque. Il est donc du côté du mal, mais suscite aussi la compassion et la pitié.

Ancien français

1. Sens premier (étymologique) : « captif », « prisonnier » (synonyme : *prison*) :

> Et s'en a avoec soi menees,
> Les *cheitives* desprisonees. (*Yvain*, v. 5766-5767)

NB : dans le vocabulaire courtois, *chaitif* peut désigner ou qualifier en particulier « l'amant dépendant de la dame » :

> Allas, fet il, quel le ferai ?
> Irai a li, si li dirai
> Que ele eit merci et pitié
> De cest *cheitif* descunseillé. (*Guigemar*, v. 399-402)

2. Conformément au sens ecclésiastique latin, *chaitif* signifie parfois « méchant » (antonyme : *bon*), et, surtout, « pitoyable », « malheureux » (synonymes : *mesaventureus*, *maleüreus*) :

> Vostre nons est changiez, amis.
> – Comant ? – Percevax li *cheitis* !
> Ha ! Percevax maleüreus
> com fu or mesavantureus. (*Perceval*, v. 3567-3570)

3. Les prisonniers étant maltraités au Moyen Âge, le *chaitif* est souvent fragile et affaibli ; c'est pourquoi, même si cela est rare avant le XVIIe siècle, l'adjectif *chaitif* peut référer à la fragilité physique d'un homme ou d'un animal :

> Del palefroi li estoit vis,
> tant estoit megre et *cheitis*,
> qu'en males mains estoit cheüz. (*Ibid.*, v. 3681-3683)

NB : plus rarement, *chaitif* peut qualifier des objets de peu de valeur (sens : « vil »).

Paradigme morphologique

• *Chaitiveté* : « captivité, lâcheté, misère, état d'une chose de peu de valeur ».

• *Chaitiver* : « assujettir, faire prisonnier, être ou rendre malheureux ».

• *Chaitivement* : « malheureusement, misérablement ».

Les trois mots disparaissent en moyen français.

Évolution

En moyen français, *chaitif* et ses dérivés conservent leur polysémie. Cependant, à la fin du XVe siècle, la relatinisation du vocabulaire français entraîne la création de *captif* et d'une série de dérivés (*captivité*, *captiver*...) formés directement sur *captivum*, qui supplantent *chaitif* et ses dérivés. Ainsi, au XVIIe siècle, seul *chétif* (l'orthographe moderne date du XVIe siècle) subsiste, mais toute référence à la prison a disparu ; le mot possède alors deux sens principaux :

– « vil, méprisable, de peu d'intérêt » (en parlant d'une personne ou d'une chose) ;

– « faible, malingre, fragile ».

De nos jours, seul ce dernier sens physique subsiste.

Chambre

Étymologie

Le terme latin *camera*, qui est lui-même issu d'un mot grec, signifiait à l'origine « voûte », « plafond voûté » ; il acquiert ensuite le sens plus général de « volume clos », et, chez Tacite par exemple, peut désigner une « barque recouverte d'un toit voûté ».

En latin tardif, il prend le sens de « pièce », et notamment de « pièce où l'on dort », sens qu'il conserve en ancien français.

Ancien français

Le mot, très important, désigne de façon générale une « pièce » ; cependant, par opposition à la *salle* (ou *palais*), lieu « public » où chacun peut se rendre, la *chambre* est un lieu privé où l'on peut se retrouver seul, et désigne en particulier le « lieu où l'on dort », comme c'était déjà le cas en latin :

> Triers un dossal ki pur cortine
> Fu en la *chambre* apareillez
> La est li dameisels cuchiez. (*Guigemar*, v. 366-368)

L'intimité de la *chambre* peut aussi s'avérer nécessaire quant un personnage important doit prendre des décisions ; ainsi, dans la *Vie de saint Louis* de Joinville, le roi Louis IX reçoit ses plus proches conseillers dans sa *chambre* et y prend les décisions importantes pour la suite des événements ; le sens est alors proche de celui de *cabinet* en français moderne :

> Tandis que le roy fermoit Cezaire, j'alai en sa heberge pour le veoir. Maintenant que il me vit entrer en sa *chambre*, la ou il parloit au legat, il se leva et me trait a part. (§ 499)

NB : malgré le peu de sens différents que recouvre le terme en ancien français, signalons la nuance offerte par son usage au pluriel : *les chambres* désignent très fréquemment les appartements privés d'un personnage féminin, la reine ou la dame en particulier ; pour les dames de la noblesse, l'intimité est en effet essentielle, tout particulièrement dans cette littérature courtoise qui aime à mettre la femme sur un piédestal en jouant avec son caractère quasi intouchable et sacré.

Paradigme morphologique

A l'entrée de la *chambre* se trouve un *chambellan* (mot apparu au XIIe siècle sous la forme *cambrelenc*), gardien de celle-ci et garant de sa fermeture, tandis que la *chambrière* (notée *chamberiere* au XIIe siècle), remplit les fonctions de la femme de chambre actuelle.

La *chambrette* (XIIe siècle) est une « petite chambre », et la *chambrée*, mot du XIVe siècle, ne désigne « l'ensemble des personnes logeant dans une même chambre » qu'à partir du XVIe siècle (en moyen français, c'est une « mesure de fourrage »).

Quant au verbe *chambrer* (XVIIe siècle), il signifie tout d'abord « enfermer », puis « endoctriner », après passage au sens abstrait, et n'est utilisé pour le vin que depuis le début du XXe siècle.

Enfin, *camériste* et *caméra* sont beaucoup plus tardifs : le premier est un emprunt à l'espagnol *camarista*, « dame de la chambre d'une princesse », lui-même formé sur *camara*, « chambre » ; le second est un emprunt tardif (XIXe siècle) à l'anglais *camera*, terme d'optique lui-même emprunté au latin scientifique.

Évolution

Après le Moyen Âge, le mot se spécialise peu à peu pour désigner le lieu intime par excellence, celui où l'on dort, mais aujourd'hui encore, cette spécialisation n'est pas achevée, puisqu'on précise souvent « chambre à coucher ».

Dès le moyen français, une évolution parallèle fait passer le terme du sens de « pièce séparée » à celui de « section », puis, par métonymie d'« assemblée se réunissant dans cette section ». On parle ainsi couramment de *chambre des députés*, de *chambre de commerce*, etc.

A partir du XIXe siècle, *chambre* désigne une « pièce spécialement aménagée », comme la *chambre froide*, la *chambre des machines*, etc.

Enfin, il faut signaler que le sens de « lieu clos » apparaît toujours dans les expressions *chambre noire* et *chambre à air*.

Char, viande et vitaille

Étymologie

Char est issu du latin classique *caro*, *carnem* (« chair »), qui, dès l'époque impériale, s'oppose fortement à *animus* (« esprit »).

Vitaille est issu du latin chrétien *victualia* (« vivres, aliments »), neutre pluriel substantivé de l'adjectif *victualis*, qui signifie en latin impérial « relatif à la nourriture » (du latin classique *victus*, « nourriture »).

Enfin, *viande* vient du latin *vivenda* (ou, peut-être, de son altération **vivanda*), neutre pluriel de l'adjectif verbal de *vivere* (« vivre ») ; le mot désigne en latin les « choses nécessaires à la vie », les « vivres », et peut donc être rapproché du terme précédent, rattaché lui aussi au verbe *vivere*.

Ancien français

Vitaille conserve le sens latin de « vivres », « aliments » ; il est donc synonyme de *viande*, qui, jusqu'au XVIe siècle, a le sens général de « nourriture » :

De *vitaille* n'a plus ceanz,
fors un chevrel qu'un miens sergenz
ocist hui main d'une saiete. (*Perceval*, v. 1913-1915)

Et nous requeismes que en nous donnast la *viande* et nous mangerions [...] Les *viandes* que il nous donnerent, ce furent begnes de foumages, qui estoient roties au solleil pour ce que les vers n'i venissent, et oefz durs cuis de .IIII. jours ou de .V. (*Vie de saint Louis*, § 376)

En revanche, *char* désigne spécifiquement en ancien français la « chair » des humains (par opposition au squelette, exemple 1), celle des animaux (exemple 2), et la « pulpe » des fruits :

Si out li enfes sa tendre *charn* mudede. (*Vie de saint Alexis*, v. 116)

Tot te donrai, bons om, quant que m'as quis,
Lit ed ostel e pain e *charn* e vin. (*Vie de saint Alexis*, v. 224-225)

Dans les descriptions du corps féminin en particulier, *char* peut référer à la « carnation » :

Blanche a la *char* comme est la flor d'espine.
(*La Prise d'Orange*, v. 279)

NB : à partir du sens premier, le mot *char* acquiert celui de « corps humain » et, par métonymie, peut aussi désigner les « liens de consanguinité », la « famille ».

Paradigme morphologique

Nous n'aborderons ici que le paradigme morphologique de *char*, très riche en ancien français ; il comporte notamment :

• Les substantifs *charnage* (« chair, incarnation » jusqu'au XVIe siècle, puis « massacre », sous la forme *carnage*), *charnier* (« cimetière » jusqu'au XVIIe siècle, « endroit où l'on garde les viandes » jusqu'au XIXe siècle, puis « lieu de massacre »).

• L'adjectif *charnel* (« de chair », « de même sang », ou « très proche », « intime », en parlant d'un ami notamment).

• Les verbes *descharner* (« retirer la chair »), employé seulement aujourd'hui au participe passé, et *acharner* (« nourrir de chair »), ce dernier étant utilisé à la voix pronominale dès le XVIIe siècle au sens de « s'attacher violemment à ».

Évolution

Après le Moyen Âge, pour désigner les « vivres » en général, *vitaille*, devenu *victuailles* au moment de la relatinisation de la langue, élimine *viande*, qui se spécialise et acquiert alors le sens moderne. Quant à *char*, il conserve les sens qu'il avait en ancien français et, dans la langue poétique et religieuse, continue de s'opposer à l'esprit (*péché de chair, la chair est triste*...). Le mot perd en revanche le sens de « chair comestible des animaux », assumé uniquement par *viande*.

Chastiel

Étymologie

Le mot vient du latin *castellum*, diminutif de *castrum* (« camp », « place fortifiée », « forteresse ») ; il est attesté en latin classique aux sens de « redoute » et « château d'eau », puis, en latin médiéval, au sens de « citadelle ».

Ancien français

1. Le terme apparaît dès la *Chanson de Roland* avec deux sens : « château fort » et « cité fortifiée ». Cette ambivalence s'explique par la configuration du *chastel* médiéval, entouré de trois enceintes délimitant des espaces concentriques :

- Fossés profonds, murs épais avec des tours, parapets.
- Poternes étroites réservées aux piétons.
- Grande porte unique encadrée de deux tours et surmontée d'un poste de garde, protégée par une herse et desservie par un pont-levis.

Or, entre la 1re et la 2e enceinte se trouve la *basse-cour*, avec parfois des vergers, des potagers, etc., où logent les paysans du seigneur et les artisans qui travaillent pour lui. En raison des risques d'invasion, le menu peuple cherche en effet à se placer sous la protection du seigneur en vivant à l'intérieur des remparts. C'est cette possibilité de vie « intra-muros » qui explique la double signification de *chastel* au Moyen Âge : « château fort » ou « cité ».

En général, seul le contexte peut nous renseigner sur la valeur exacte du mot. Chez Marie de France par exemple, il arrive que le terme désigne clairement toute une ville :

> Ensemble od eus ot un meschin
> Kis ad menez le dreit chemin,
> Tant qu'il viendrent a un *chastel* ;
> En tut le mund nen ot plus bel !
> Une abbeïe i ot dedenz
> De mut religïuses gent. (*Yonec*, v. 479-484)

Dans d'autres lais cependant, le *chastel* semble désigner la demeure du *seigneur* :

> Il la saisit par le mantel,
> od lui l'en mene en sun *chastel.* (*Guigemar*, v. 705-706)

2. En raison de sa fonction défensive, le *chastel* était généralement situé au bord d'un fleuve ou à proximité de la mer, ou encore en hauteur, afin de voir au loin l'arrivée d'éventuels ennemis ; en outre, il avait la particularité d'être entouré de murailles jalonnées de *torneles* et fermé par une porte précédée d'un pont-levis :

> Defors les murs ne voit neant
> fors mer et eve et terre gaste.
> d'errer vers le *chastel* se haste
> tant que devant la porte vient ;
> mes un pont passer li covient. (*Perceval*, v. 1706-1710)

NB : pour la petite histoire, sachez que les *châteaux en Espagne* étaient au départ de véritables châteaux offerts, ou plutôt promis, à des chevaliers valeureux ; le manque de concrétisation de telles promesses explique l'évolution du sens de l'expression !

Paradigme morphologique

Au Moyen Âge, le « seigneur d'un château » se nomme le *chastelain* (du latin *castellanum*), son épouse étant la *chastellaine.* Quant au diminutif *chastelet*, il désigne parfois un « petit château », ou, plus souvent, un « petit ouvrage de défense » de forme ronde situé à l'entrée du *chastel*, tandis que la *chastelerie* est l'équivalent médiéval de la « châtellenie » (« seigneurie ou juridiction d'un châtelain ») :

> Tuit ont chanté de la cité de Nymes,
> Guillelmes l'a en la seue baillie,

Les murs hautains et les sales perrines
Et le palés et les *chasteleries*. (*La Prise d'Orange*, v. 13-16)

De façon plus anecdotique, les chroniques nous offrent quelques descriptions d'une machine de guerre appelé le *chat-chastel*, apparue au milieu du XIIe siècle et utilisée jusqu'à la fin du Moyen Âge. Il s'agissait d'une galerie couverte montée sur roues à laquelle on adjoignait un beffroi muni d'un pont destiné à s'abattre sur les murailles ennemies ; destiné à protéger les assaillants, ce *chat-chastel* avait une taille fort impressionnante puisqu'il pouvait comporter plusieurs étages et contenir jusqu'à deux cents soldats.

Évolution

Le *chastel* comme forteresse est une réalité essentiellement féodale qui prend tout son sens du XIe au XIIIe siècle, période durant laquelle il tient une place majeure dans les conflits. Par la suite, excepté dans les régions où se poursuivent les combats (en Orient par exemple), le *chastel* n'est plus une place forte, et les gens qui y vivent partent fonder d'autres bourgs ou villages à l'extérieur des murs. Peu à peu, il devient donc plutôt une demeure seigneuriale accueillante, plus proche de la gentilhommière que de la forteresse. A la Renaissance en particulier, le château est surtout célébré pour son faste et sa beauté, et le choix des sites se fonde sur le charme de la région plutôt que sur des considérations stratégiques ; tout cela explique l'apparition de l'expression *château fort* au XIXe siècle, afin de désigner la réalité spécifique que représente le château médiéval.

Cheval (le vocabulaire du)

Étymologie

Le latin classique *equum* n'a pas eu de continuateur en ancien français (*équitation* est en effet une formation savante), au contraire de *caballum*, qui, en latin, désignait le cheval employé pour l'agriculture et non pas pour la vie militaire. Le terme est passé en ancien français par le biais d'un emprunt aux populations celtiques de la Gaule cisalpine. C'est donc le terme populaire et rustique, qui a, paradoxalement, supplanté le terme noble, en raison d'une plus grande fréquence d'emploi peut-être, ou, probablement, de la difficulté de conserver un terme qui serait devenu monosyllabique en ancien français après la chute de la désinence [-*um*].

Au féminin, le terme *equa* a eu plus de chance, survivant jusqu'au XIIIe siècle sous les formes *eque*, *ive*, *esgue*, *yegue*, etc. Il a été supplanté cependant par le mot *cavale*, emprunté à la poésie occitane, et, surtout, par le mot *jument* (du latin *jumentum*, « bête de somme »), qui désigne d'abord un animal réservé aux travaux des champs, avant de remplacer *ive*, sans doute jugé trop court, comme terme générique.

NB : pour les jeunes chevaux, on a fait appel à l'étymon latin *pullum* (« petit d'un animal », quel qu'il soit) et au bas latin **pullanum*, qui a donné *poulain* en ancien français.

Les différentes dénominations du cheval en ancien français

1. *Destrier* : le mot est dérivé de *destre*, la « main droite », car l'écuyer conduisait le *destrier* de cette main. C'était un cheval destiné à la bataille ; il ne fallait donc pas voyager sur son dos afin de ne pas le fatiguer et pour le conserver en pleine forme dans l'éventualité d'un combat.

2. *Roncin* : l'étymologie de *roncin* est incertaine ; peut-être faut-il mettre le mot en rapport avec le verbe *roncer* (du latin *runcare*) qui signifie « défricher ». C'est un cheval de trait et de labour, destiné aux paysans donc, mais aussi aux écuyers et aux *bachelors*, trop pauvres pour pouvoir acquérir un *destrier*. Après le Moyen Âge, au XVIe siècle, le croisement entre ce terme et l'adjectif roux donnera lieu à un nouveau substantif : *roussin*.

NB : il existe aussi un substantif *roncinage*, qui renvoie à une réalité féodale : il s'agit du service dû par le vassal à son seigneur sous la forme d'un cheval en état de travailler.

3. *Palefroi* : le mot vient du bas latin *paraveredus*, étymon au caractère fort hétéroclite puisqu'il est formé d'une préposition grecque, *para* (« auprès de »), et d'un mot francique latinisé : *veredus* (« cheval »). Le *palefroi* est un cheval d'apparat que son allure, particulièrement douce, destinait aux cérémonies, mais aussi aux dames et demoiselles.

4. *Sommier* : en bas latin, le substantif *sagma* signifiait « bât » ; en ancien français, celui-ci a donné son nom au coffre que l'on plaçait sur le dos du cheval, appelé la *some*. Le *sommier* est donc un cheval de charge. Il est bien sûr un animal non noble, d'où son emploi pour humilier un vaincu ou un condamné, que l'on faisait défiler sur son dos dans les rues de la ville (c'est par exemple le cas de Ganelon, le traître, dans la *Chanson de Roland*).

5. *Auferrant* : nous avons affaire ici à un terme d'origine arabe (*faras* : « cheval » en arabe). Il s'agit d'un cheval de combat impétueux.

6. *Coursier* (du latin *cursus* : « course », devenu *cors* en bas latin) : utilisé comme nom, ce mot est plus ou moins synonyme de *destrier*, mais il est le plus souvent utilisé comme adjectif, accolé au substantif *cheval*.

7. *Haquenée* : ce terme beaucoup plus rare désignait un cheval de dame, dressé pour aller à l'amble. Il s'agit d'un emprunt à la langue anglaise, phénomène rarissime en ancien français, alors que l'inverse est très courant : la moitié du vocabulaire anglais actuel vient de mots français !

8. *Caceor* : le mot vient du latin classique *capere* (« attraper »), devenu **captiare* en latin vulgaire (avec le sens plus spécifique de « chasser ») ; il désigne un cheval rapide et léger utilisé pour la chasse.

Évolution

Le terme *cheval* reste aujourd'hui le terme générique ; en revanche, après le Moyen Âge, on note l'apparition de chevaux plus légers et rapides ; citons en particulier le *genet*, cheval espagnol dont le nom vient de l'arabe, et le cheval barbe, qui vient, comme son nom l'indique, de Barbarie (Afrique du Nord). De plus, au XVIIe siècle, le terme *coursier*, qui n'est plus utilisé que comme substantif, devient un mot poétique désignant le cheval en général. Enfin, au XIXe siècle apparaissent quelques termes dépréciatifs : *haridelle*, dont on ignore l'étymon, *carcan* (variante de *carcasse*, mais sous toute réserve), et *rosse*, qui vient paradoxalement d'un mot poétique en allemand, *ross*, mais qui a pris en français une valeur péjorative.

Annexe – La couleur du pelage

Nous citerons en particulier les adjectifs *bai*, « rouge brun » (issu du latin *badius* de même sens) ; *alezan*, « jaune plus ou moins clair », dérivant d'un terme espagnol passé dans notre langue au XVIe siècle ;

pie, « noir et blanc », qui est tout simplement le nom de l'oiseau utilisé comme adjectif ; *ferrant*, « qui rappelle la couleur du fer » ; et enfin *ver*, « pommelé ».

Chevalier

Remarque préalable : pour établir une fiche sur un substantif tel que *chevalier* (ceci étant valable pour tous les mots désignant des personnes), faites attention aux adjectifs qui lui sont associés dans le texte à étudier, aux personnages ainsi dénommés, et, dans le cas des apostrophes, à ceux qui les emploient. Cela permettra de voir si le terme est connoté de façon positive ou négative, s'il implique certaines valeurs, inclut des sèmes d'âge, de noblesse, etc.

Étymologie

Le mot vient du latin tardif *caballarium*, dérivé de *caballum* (voir la fiche précédente), qui désigne au Ve siècle un modeste « garçon d'écurie » ou un « palefrenier ». Ensuite, sous les derniers Carolingiens (Xe siècle), le mot évolue vers le sens de « cavalier », « guerrier à cheval », mais sans armure. Autrement dit, le mot garde un sens modeste mais se confond petit à petit avec la notion de guerrier, sous l'influence sans doute des Germains, pour lesquels une armée ne peut être qu'une armée d'hommes à cheval.

Ancien français

Dans la *Chanson de Roland*, le chevalier est un guerrier de rang modeste. Par la suite en revanche, avec le resserrement des liens de caste, le mot devient un titre, le plus bas de la hiérarchie nobiliaire, et implique une double fermeture : pour être chevalier, il faut être à la fois noble et « adoubé » (terme issu probablement du francique **dubban* : « frapper », parce qu'on frappait l'épaule du futur chevalier avec la lame de l'épée). Le verbe *adouber* devient ainsi synonyme de la locution *chevalier faire* :

> D'el cuidoie qu'il li tenist
> au roi que de *chevalier faire*. (*Perceval*, v. 1370-1371)

Par le jeu de l'initiation, un code se constitue peu à peu, formé d'obligations morales et religieuses. Trois qualités essentielles définissent alors le *chevalier* :

- la prouesse (vaillance et loyauté à l'égard du seigneur, du roi, de la patrie, etc.) ;
- la largesse (mépris du profit, qui oppose le chevalier au paysan ou à l'artisan) ;
- la courtoisie (à l'égard de la dame), qualité de plus en plus importante au cours du Moyen Âge.

Progressivement, la valeur morale attachée au mot *chevalier* l'emporte donc sur le sens hiérarchique, de sorte que *chevalier* devient la dénomination la plus vague du système féodal, presque toujours qualifié par des adjectifs valorisants :

> Oez, seignor, franc *chevalier* honeste ! (*La Prise d'Orange*, v. 31)

NB : dans les scènes de bataille, lorsque le terme *chevalier* est en rapport avec *sergent*, le premier est souvent à traduire par « cavalier » et le second par « fantassin ».

Paradigme morphologique

Laissez de côté *cheval*, qui mérite un traitement « à part », pour n'insister que sur les adjectifs *chevaleros*, qui apparaît au XIe siècle mais devient archaïque à la fin du Moyen Âge, et *chevaleresque*, emprunté au XVIIe siècle à l'italien *cavalleresco* (tous deux signifient « qui a des qualités dignes d'un chevalier », « généreux »), ainsi que sur le nom commun *chevalerie*, qui possède en ancien français trois sens distincts :

- « ensemble des chevaliers » ;
- « qualité du chevalier » ;
- « prouesse », « exploit digne d'un chevalier » :

> Li *chevaliers* qui se deporte
> a Blancheflor sa dolce amie
> voldra faire *chevalerie*
> plus que il sofrir ne porra. (*Perceval*, v. 2414-2417)

Évolution

Le mot *chevalier* est aujourd'hui un terme historique mais désigne toujours les membres des ordres qui ont perduré (*chevalier de l'Ordre de Malte*) ainsi que certaines distinctions (*chevalier de la Légion d'honneur*). Ce dernier cas est d'ailleurs le seul où *chevalier* conserve la dimension hiérarchique qu'il avait au Moyen Âge.

Chevalier survit aussi dans l'expression *chevalier servant*, qui rappelle l'importance de la dimension courtoise du *chevalier* à partir du XIIe siècle et, plus généralement, continue d'apparaître dans les nombreux romans de chevalerie qui fleurissent aux XIVe et XVe siècles, s'épanouissent au siècle suivant, et perdurent jusqu'au XIXe siècle.

Enfin, la spécialisation du mot ayant vite fait oublier le rapport liant *chevalier* à *cheval*, on a emprunté à l'italien le mot *cavalier* (fin du XVe siècle) pour désigner « celui qui monte à cheval ».

Chief et *Teste*

Étymologie

En latin classique, « tête » se dit *caput*, *capitis*, terme qui désigne également « l'individu », le « capital financier », la « ville capitale », etc. ; c'est ce même terme, avec un changement à la finale (*caput* > **capum* en latin vulgaire), qui a donné en ancien français le mot *chief* ou *cief*, qui conserve le sens de « tête ».

Dès l'époque romaine cependant, le peuple a tendance à utiliser le terme *testa* au lieu de *caput* pour désigner la « tête ». *Testa*, qui signifiait à l'origine « coquille », prend en effet par la suite le sens de « vase », « tesson », et apparaît au sens de « tête » dès le IVe siècle dans un épigramme du poète Ausone, sans doute par analogie entre une coquille dure et la boîte crânienne (à titre de comparaison, pensez à la façon dont fiole ou bobine, termes désignant des objets, ont eux aussi pris le sens de « tête » en français moderne dans la langue populaire).

NB : dans le vocabulaire de l'anatomie, en latin tardif, beaucoup de mots classiques ont ainsi été remplacés ou modifiés ; c'est le cas de *caput*, mais aussi de *os* (remplacé par *bucca*), *crus* (remplacé par *gamba*), *cutis* (remplacé par *pellis*), etc.

Ancien français

1. En ancien français, ***teste*** désigne plutôt une réalité anatomique, c'est-à-dire « l'extrémité du corps de l'homme ou de l'animal » ; il apparaît aussi parfois dans les formules de serments du type *par les ialz de ma teste*, *foi que je doi ma teste* :

> Ja li eust la *teste* copee,
> Se il n'otriast son voloir. (*Bel Inconnu*, v. 1460-1461)

> Vaslez, foi que je doi ma *teste*,
> fet li prodom, ainz valent pis. (*Perceval*, v. 1610-1611)

2. ***Chief*** apparaît en ancien français dès le IXe siècle. *A priori*, il recouvre les mêmes sens que *teste*, puisqu'il désigne également une réalité anatomique et apparaît lui aussi dans les formules de serments ; on remarque cependant que *chief* est employé de préférence à *teste* dans les contextes où subsistent les valeurs féodales. En outre, le mot est beaucoup plus souvent associé à des connotations morales ou symboliques et apparaît au sein de nombreuses expressions imagées :

1. expressions où *chief* signifie « extrémité » (spatiale ou temporelle) :

- *de chief en chief* : « de bout en bout »
- *trere a chief* : « achever »
- *venir a chief* : « venir à bout »
- *au chief des fois* : « un beau jour »
- *el chief devant* : « à l'avant-garde »
- le *chief* d'un pont, d'une année, etc.

2. expressions où *chief* évoque l'idée de « prééminence » :

- *Chief lieu* (XIIIe siècle) : « résidence principale d'un seigneur », puis, au XVIIIe siècle, « centre administratif d'une circonscription territoriale ».
- *Chief d'œuvre* (XIIIe siècle) : « ouvrage réalisé par un artisan pour obtenir la maîtrise dans une corporation » (le sens figuré, conservé aujourd'hui, date du XVIe siècle).
- *Chief* d'une armée : « capitaine », « commandant ».

NB : au Moyen Âge, les auteurs explicitent eux-mêmes la métaphore du *chef*, tel Joinville qui, dans la *Vie de saint Louis*, fait dire au païen Scecedin à propos des chrétiens :

> Et ces choses vous moustré je pour ce que cors sanz *chief*
> ne vaut riens a redouter, ne gent sanz roy (§ 262)

Le parallélisme de construction signale clairement le rapprochement entre, d'une part, le *chief* et le *roy* et, d'autre part, les soldats, l'armée (*gent* en ancien français) et le *cors* (corps).

Paradigme morphologique

- *Derechief* (adverbe) : « de nouveau ».
- *Meschief* (substantif) : « malheur », « événement fâcheux ».

On le trouve notamment dans la locution verbale *faire meschief* (« causer du malheur »), et les expressions *estre en un meschief* ou *a grant meschief* (« être dans la détresse »).

NB : *chievetain* est un « faux-ami » qui ne dérive pas de *chief* mais du latin tardif *capitaneus* (« qui est en tête », « qui domine »), lui-même dérivé de *caput*.

Évolution

Au XVIIe siècle, *teste* élimine *chief* dans le sens anatomique, de sorte que celui-ci ne subsiste plus au sens concret de « tête » que dans le composé *couvre-chef*. En revanche, si l'on utilise encore fréquemment les expressions *à la tête de*, et *têtes de chapitre*, *chef* est plus dynamique que *tête* en emplois figurés : nous continuons à parler du *chef* d'une bande, d'une armée, de *chef-d'œuvre*, de *chef-lieu*, mais aussi de *chefs d'accusation*.

Chose et *Riens*

Étymologie

Les deux mots sont issus du latin classique et possèdent, dès l'origine, un sens vague qui leur permet de recouvrir des acceptions très différentes :

- *Riens* vient du mot *res*, *rem*, qui est en latin la dénomination la plus neutre qui soit, et peut désigner une réalité concrète : « chose », « affaire », « bien », « possession » ou abstraite : « procès », « raison », « motif », etc.

• *Chose* vient de *causa*, *causam*, qui signifie soit, de façon générale, la « raison », le « motif », soit, dans un contexte judiciaire, l'« affaire », le « cas », la « situation ».

Par la suite, en latin populaire, *causa* prend le sens de « chose » et concurrence *rem* dans cette acception. Dès le premier texte en langue française, les *Serments de Strasbourg*, en 842, le mot *cosa* apparaît d'ailleurs en ce sens :

> ***Salvarai eo cist meon fradre Karlo et in adiudha et in cadhuna cosa.***
> (mot-à-mot : « je viendrai au secours de mon frère Charles, et pour ce qui est de l'aide, et pour chaque chose »).

Ancien français

Cose est un des mots les plus anciens de la langue française : nous venons de voir qu'il était apparu dans le premier texte français, les *Serments de Strasbourg*. *Riens* apparaît quant à lui au siècle suivant ; il est alors de genre féminin, et le restera jusqu'à la fin du XVIe siècle.

Au niveau **sémantique**, la synonymie des deux termes est quasi parfaite, chacun pouvant désigner tout et n'importe quoi : « être », « personne », « chose ». Cela dit, dans les textes, *riens* désigne plus souvent une personne, et notamment une femme, que *cose*, qui, à l'inverse, conserve fréquemment le sens judiciaire qu'il avait en latin : « affaire judiciaire », « motif », « cause ». :

> Si bele *riens* ne fu veüe. (*Bel Inconnu*, v. 2218)
> Por quel *cose* volez vos dire
> Que l'esprevier doie avoir ? (*Bel Inconnu*, v. 1744-1745)

Les deux termes s'opposent plus franchement sur le plan **syntaxique** :

- *Cose* est uniquement utilisé comme substantif.
- *Riens* est soit substantif, soit adverbe (au sens de « en quoi que ce soit »), soit pronom indéfini (avec le sens de « quelque chose », « quoi que ce soit »).

Enfin, les deux mots s'opposent aussi par leur **valeur** :

- *cose* est toujours un terme positif.
- *riens*, même s'il est le plus souvent positif, peut exceptionnellement prendre comme pronom une coloration négative qui ira croissant en ancien français (même si au Moyen Âge, il ne se confond jamais

complètement avec les formes *neiant / noiant / nïent*, qui sont, elles, uniquement négatives).

Évolution

A partir du XIIIe siècle, *riens* se spécialise dans les tournures hypothétiques et superlatives et, tandis que son indétermination sémantique va croissant, il glisse petit à petit vers la fonction d'adverbe et de pronom indéfini : au XVe siècle, ce sont les seules fonctions qu'il conserve, en concurrence avec *noiant* en tant qu'adverbe, qu'il finit d'ailleurs par supplanter à la fin du Moyen Âge, avant de disparaître lui-même au siècle suivant dans cet emploi, sauf dans l'expression *rien ne sert de courir*.

Riens reste cependant dynamique en tant que pronom et, aux XVIe et XVIIe siècles, on assiste à une résurgence de sa fonction substantive, moment où il acquiert en outre le genre masculin. Rappelons enfin que le terme, en raison de son emploi fréquent dans des contextes négatifs et notamment avec l'adverbe négatif *ne*, a pris en ancien français une valeur négative croissante et possède, à partir du XVIe siècle, un sens uniquement négatif.

Cose occupe aujourd'hui plusieurs emplois de substantifs laissés par *riens* : « objet », « affaire », « mot », mais a aussi développé ses emplois en locutions : *quelque chose, autre chose, pas grand chose* ; en outre, on a créé le doublet *cause* au XVIe siècle – c'est-à-dire à l'époque de la relatinisation de la langue française – pour prendre en charge les sens suivants :

– « motif », « origine » : la *cause* de...
– « raison », « procès » : plaider, défendre une *cause*.

Cité et *Ville*

Étymologie

En latin classique, le substantif *civitas, atem* désigne la « ville » en tant que corps politique et social (*i.e.* l'ensemble des citoyens et leur gouvernement) ; par la suite, il entre en concurrence avec le terme *urbs*, *urbem*, qui désigne la « ville » d'un simple point de vue géographique, et finit par le remplacer.

En gallo-roman, une nouvelle concurrence se fait jour, avec le terme *villa* cette fois, qui désigne d'abord une « maison de campagne », puis, par extension, un « village », afin de dénommer une « petite agglomération urbaine » ; c'est ainsi que la *villa*, qui donnera *ville* en ancien français, peut se définir à partir du Ve siècle comme une *minor civitas* ou une *civitas exigua*.

Ancien français

1. *Cité* apparaît tout d'abord dans la langue française sous la forme *ciutat*, au Xe siècle. Au Moyen Âge, il est difficile de cerner avec précision les emplois des mots *cité* et *ville* ; en effet, les différences de taille, qui déterminaient leurs emplois respectifs en latin tardif, n'interviennent plus. C'est pourquoi il n'est pas rare qu'au sein d'un même texte, voire d'un même passage, l'auteur utilise tour à tour l'un et l'autre termes :

> Al tierz jor qu'il ot surjurné
> Li criz leva en la *cité*
> Que lur anemi sunt venu
> E par la cuntree espandu :
> Ja vodrunt la *vile* asaillir. (*Éliduc*, v. 145-149)

2. On constate cependant, grâce à une lecture plus précise des textes, que la *cité* est souvent liée à une valeur, à une qualité (marquée par l'emploi d'un adjectif), alors que *ville*, plus « neutre » en quelque sorte, désigne plutôt une simple réalité géographique. Autrement dit, *cité* et *ville* peuvent référer au même endroit, mais la *ville* serait envisagée comme une localité au sens le plus neutre du terme, alors que la *cité* serait plutôt perçue comme un lieu attaché à certaines qualités (*forte*, *vaillante*, *garnie*, etc.) :

> Tote la *vile* a porprise Bertrans
> Por gaagnier la *fort cité vaillant*. (*La Prise d'Orange*, v. 1823-24)

> Dedenz Orange, cele *cité garnie*. (*Ibid.*, v. 1735)
> Assaudrons nos Orange, ceste *vile* ? (*Ibid.*, v. 1761)

3. Il semble aussi que la *cité* désigne souvent la partie ancienne de la ville, enclose de murailles, alors que la *vile* serait plutôt la partie neuve de celle-ci. Ainsi, dans le lai de *Guigemar*, le roi Mériaduc séjourne dans la *ville* récemment construite (v. 857 *sqq.*), alors que Guigemar, précise le texte, aborde par miracle dans la *cité antive*. En outre, dans *Yonec*, la dame arrive dans une *cité* qui, écrit Marie de France, *de mur fu close tut entur* (v. 361). Une autre distinction assez nette semble donc se faire jour ici, opposant la *cité*, ancienne et enclose dans ses murs, à la *ville*, plus récente et « ouverte ».

Paradigme morphologique

1. *Cité* : retenez le terme *citoien* (XIIIe siècle), réfection de *citeain* (XIIe siècle), qui désigne au Moyen Âge « l'habitant de la cité », et le *concitein* (XIIIe siècle), fait sur le modèle du latin tardif *concivis*, qui deviendra le *concitoyen* au XVIe siècle (*citadin* est en revanche un emprunt tardif à l'italien *cittadino* : « habitant de la *cittade* », forme ancienne de *citta*).

2. *Ville* : retenez les mots *villain* (XIe siècle), dérivé du latin tardif *villanus*, qui désigne au Moyen Âge un « paysan », ou un « homme de basse condition » (les deux notions sont alors liées), et *village*, qui apparaît seulement au XIVe siècle pour désigner une « agglomération rurale ».

Paradigme sémantique

Il convient de rapprocher la *cité* du *chastel*, qui, au Moyen Âge, désigne aussi bien le « château » que la « cité ». En revanche, un substantif tel que *municipalité* est beaucoup plus tardif, puisqu'il n'apparaît qu'au XVIIIe siècle.

Évolution

En moyen français, la *cité* désigne le plus souvent la « partie ancienne de la ville » ; on parle ainsi aujourd'hui encore de l'*Île de la Cité*, à Paris, cœur historique de la capitale où est construite la cathédrale Notre-Dame.

Quant au caractère clos, perceptible lui aussi dans les textes médiévaux, il apparaît plus clairement au XIXe siècle, quand le terme *cité* désigne un « groupe de maisons formant un ensemble clos à l'intérieur d'une ville » (*cité ouvrière*, *cité universitaire*, etc.), pour reprendre ici la définition donnée par le *TLF*.

Enfin, il est intéressant de constater que la *cité* en tant que corps politique et social (sens de l'étymon latin) perdure dans certains termes et expressions : *droit de cité* (XVIIIe siècle), *citoyenneté* (fin XVIIIe siècle), et enfin *citoyen*, qui, après avoir été le doublet de *citadin* jusqu'au XVIIe siècle, a pris un sens plus politique : « membre d'un état », « individu considéré comme personne civique ».

Compagnie et *compagnon*

Étymologie

Le mot *compagnon* appartient à la même famille que le substantif *pain*, et trouve donc sa source dans le latin classique *panis, em*. En latin populaire, on a adjoint à *panem* la préposition *cum* (« avec »), formant ainsi le terme *cumpanio, onem*, c'est-à-dire, à proprement parler, « celui avec qui l'on partage le pain ».

Quant à *compagnie*, il s'agit d'un terme venu lui aussi du latin populaire, **compania*, qui signifiait « assemblée populaire », « réunion », « présence », « fréquentation ».

NB : il semble, pour être tout à fait précis, que *cumpanio* ait vu le jour dans les armées du Bas-Empire et soit le calque du germain **gahlaiba*, qui possède à la fois la même structure et le même sens.

Ancien français

1. Les mots de la famille de *compagnie* traduisent très précisément la situation de deux ou plusieurs personnes engagées dans une même communauté de vie et d'action, associées notamment à un même projet. Autrement dit, à la base sémantique du mot, on trouve une réalité pratique et matérielle où le sentiment intervient peu : c'est l'action seule qui compte. Si l'amitié peut exister entre deux *compagnons*, elle ne fonde donc pas le *compagnonnage*, et n'est pas indispensable à la définition du terme. Ainsi, le terme *compagnons* peut très bien désigner les deux adversaires d'un même combat :

> Lance baissiee, a esperons,
> Choisi chescuns sun *cumpainun*. (*Chaitivel*, v. 97-98)

2. Quant à la *compaignie*, elle désigne souvent, dans les textes médiévaux, « l'ensemble des compagnons » ; dans un contexte militaire, elle peut également référer à la « troupe des compagnons soldats », devenant ainsi synonyme de l'ancien français *troupe* ou *bataille*. Cela dit, passant du sens concret au sens abstrait, *compaingnie* peut évoquer simplement la « présence » de quelqu'un, d'où la formation de très nombreuses expressions dont voici les principales :

– *estre en la compagnie de* : « accompagner »

> Jehan l'Ermin estoit en ma *compagnie* puis que je reving d'outre mer. (Joinville, *Vie de saint Louis*, § 449)

– *avoir compagnie a* : « avoir des rapports sexuels avec une femme »

> [Les establissemenz] furent tel que [...] nulz n'eust *compaingnie* a autrui femme ne a autrui fille se il ne vouloit point perdre le poing ou la vie. (*Ibid.*, § 478)

– *faire compagnie a* : « accompagner »

> Quant le roy vouloit chevaucher, je li fesoie *compaingnie.* (*Ibid.*, § 501)

– *tenir compagnie a* : « tenir compagnie à »

> Du conte d'Anjou, qui estoit en sa nef, se pleingnoit aussi a moy, qui nulle *compaingnie* ne li tenoit. (*Ibid.*, § 405)

– *en la compagnie de* : « en compagnie de » (notez en particulier l'expression *en la compagnie du Seigneur*, pour signifier qu'un homme mort est allé au Paradis rejoindre le Seigneur).

> A leur espees l'occistrent et le mistrent en la *compaingnie* Dieu ou nombre des martirs. (*Ibid.*, § 393)

Paradigme morphologique

Hormis *compagnon* et *compagnie*, on trouve en ancien français le verbe *accompagner* (XIIe siècle) et le substantif *compaigne* (féminin de *compain*).

Paradigme sémantique

Au Moyen Âge, il semble que les auteurs opèrent une distinction entre le *compagnon* et l'*ami* ; ainsi, dans le lai de *Guigemar*, les *compagnons* sont ceux qui accompagnent le héros à la chasse :

Amis, fet il, va tost poignaunt !
Fai mes *compaignuns* returner,
Kar je voldrai od eus parler. (v. 134-136)

En revanche, le *valet* du jeune homme est son *ami* ; autrement dit, il semble être celui qui, suivant plus étroitement le parcours du héros, en est aussi plus proche affectivement. De même, une dissociation est opérée entre l'*ami* et le *compaignun* au vers 750 de ce lai, qui semble induire une différence sémantique :

Il li manda par guerredun,
Si cum *ami* et *cumpaniun*,
Qu'a cel busuin ne li faillist.

Évolution

Après le Moyen Âge, avec la disparition de la déclinaison, *compain* et *compagnon* se distinguent et connaissent des évolutions sémantiques un peu différentes :

– *Compain*, cas sujet de *compagnon*, est attesté jusqu'au XVIe siècle et survit dans le français moderne *copain*, apparu dans la langue familière au début du XIXe siècle.
– *Compagnon* est devenu l'équivalent de l'*ami* (ou le pendant masculin de la *compagne*, pour les couples non mariés) ; cela dit, on retrouve aujourd'hui le sens ancien de ce terme lorsqu'il désigne l'apprenti qui partage l'activité, voire l'existence de son maître. De même, on parle encore de *compagnon de misère*, *d'infortune*, ou *de voyage* pour désigner celui qui partage le sort d'un autre individu.

Quant au substantif *compagnie*, il garde ses sens médiévaux, et l'on retrouve en français moderne la plupart des locutions de l'époque ; néanmoins, on peut noter l'apparition nouvelle du sens d'« entreprise », la *compagnie* désignant alors l'« ensemble des salariés » qui partagent, d'une certaine façon, la destinée de l'entreprise pour laquelle ils travaillent, qu'elle soit bancaire, maritime, militaire, etc.

Confort

Étymologie

Le substantif *confort* est le déverbal du verbe *conforter* ; ce dernier est lui-même issu du verbe *confortare*, signifiant en latin ecclésiastique : « rendre plus courageux », « soutenir le courage », « consoler », derrière lequel on reconnaît le déponent latin *confortari*, de même sens et surtout, l'adjectif *fortis, e* : « courageux ».

Ancien français

Le verbe, transitif, garde les sens latins : « rendre courageux », « consoler », « réconforter » ; d'autre part, utilisé de façon pronominale, il signifie plus précisément « reprendre courage ». Quant à son déverbal *confort*, il désigne « ce qui donne de la force », le « secours », l'« aide », le « réconfort » ; Il a donc une valeur surtout psychologique, et renvoie très rarement au bien-être matériel.

NB : en ancien français, il faut remarquer l'aspect essentiellement dynamique du substantif, qui représente moins un état que l'acquisition ou le don de cet état ; c'est pourquoi le *confort* peut être personnifié ou / et représenté sous forme d'allégorie :

Vos esteiez toz li *confors* que je avoie. (*Perceval*, v. 482)

Paradigme morphologique

- *Reconforter* (XIIe siècle) : « redonner du courage, de la force ».
- *Reconfort*, *reconfortement* (XIIIe siècle), *confortement*, *confortation* et *confortance* (moyen français) : « réconfort » (plan moral), « ce qui donne de la force » (plan physique).
- *Desconforter* (XIIe siècle) : « diminuer le courage », « désoler ».
- *Desconfort* et *desconfortement* (XIIIe siècle) : « affliction », « découragement ».

Paradigme sémantique

Sur le plan psychologique, il convient de rapprocher *confort* des substantifs *solaz* et *aide*, dont il est quasiment le synonyme. Lorsqu'il s'agit d'un *confort* physique en revanche, on peut rapprocher le terme de *garison* et *amendement* (voir les fiches correspondantes, p. 125 et 12). Enfin, signalons que le substantif *aise*, contrairement à *confort*, réfère davantage à l'état de plénitude, au bien-être, et peut même désigner, lorsqu'il est employé au pluriel, les « commodités de l'existence ».

Évolution

Confort au sens de « secours moral » demeure très vivant jusqu'au XVIe siècle ; cependant, il recule à la fin de cette période, remplacé le plus souvent par *réconfort*, qui prend un accent aigu au même moment et finit par se substituer à lui au XVIIe siècle.

Jusqu'au XVIIIe siècle, *confort* a disparu de la langue ; il revient au XIXe siècle, d'abord chez Chateaubriand, par l'intermédiaire des Anglais qui nous ont « emprunté » le mot au Moyen Âge et l'utilisent encore. Cependant, le sens de *confort* en anglais est plus proche de celui du substantif *aise* en ancien français, c'est-à-dire « bien-être matériel ». C'est pourquoi le mot réintègre notre lexique avec un sens très différent de celui qu'il avait au Moyen Âge.

Conforter subit le même recul que *confort* au XVIe siècle, au profit de *réconforter* ; il connaît cependant aujourd'hui un regain de vigueur au sens de « renforcer » (en parlant notamment des convictions d'une personne).

Enfin, *desconfort* et *desconforter*, moins chanceux, ont définitivement disparu au XVIe siècle.

Congé

Étymologie

Le verbe latin *commeare* signifiait « aller d'un endroit dans un autre », « voyager », « circuler ». Il a donné le substantif *commeatus, us*, qui a pour sens :

- « action de circuler » ;
- « passage », « lieu par où l'on passe » ;
- (dans la langue militaire) « permission d'aller et venir », d'où « permission », « congé militaire », et « convoi de vivres », d'où « vivres ».

Ancien français

1. L'acception la plus ancienne et la plus répandue vient du sens militaire latin de « permission ». Dans les textes, *congié* désigne en particulier l'« autorisation de s'en aller », et s'utilise fréquemment dans les trois expressions suivantes : *demander congié* (ou *requerre congé*), *prendre congié* et *donner congié* :

> *Prenent congiet* al cors saint Alexis. (*Vie de saint Alexis*, v. 598)

NB : au début du XIIIe siècle, le *congé* donna son nom à un véritable genre poétique non lyrique pratiqué par des trouvères tels que Jean Bodel, Baude Fastoul ou Adam de la Halle, dont le sujet était, précisément, les adieux du poète à ses amis ou à sa ville natale.

2. Par extension, *congé* désigne l'« autorisation » en général (dans les textes judiciaires par exemple, la justice peut donner à quelqu'un le *congé* de faire quelque chose) :

> Il nous couvenoit arester tant que il nous donnoient *congé* de nager. (*Vie de saint Louis*, § 307).

3. A la suite d'une nouvelle extension de sens, l'idée d'« autorisation de partir » donne lieu aux sens de « libération », puis d'« expulsion », qui se développent surtout en moyen français ; la locution *donner congé* est alors à traduire par « congédier », voire « licencier » :

> Je li *donné congié* et li dis que je li donnoie ce que il me devoit, car il l'avoit bien deservi. (*Vie de saint Louis*, § 417)

Paradigme morphologique

Retenez surtout le verbe *congeer*, ou *congier*, qui peut signifier « licencier des soldats », « chasser, expulser » (sens le plus fréquent), ou « donner l'autorisation de partir » (plus rarement) :

> Li reis Marc esteit curuciez,
> vers Tristram sun nevu iriez ;
> De sa tere le *cungea.* (*Chèvrefeuille*, v. 11-13)

Les autres termes du paradigme morphologique sont plus rares ; notez simplement le substantif *congiement* (« renvoi », « expulsion ») et l'adjectif *congeable* (« autorisé, permis »), ce dernier ayant donné naissance à l'adverbe *congeablement* (« librement »).

Paradigme sémantique

Congé est synonyme de *gré*, *assentiment*, *licence* ; ainsi, *avoir la licence de faire quelque chose* signifie en ancien français « avoir l'autorisation de faire qqch » (pensez aujourd'hui aux *licences* délivrées par les pouvoirs juridiques, qui donnent la permission à certaines professions d'exercer leur activité).

En moyen français apparaîtront les termes *permission* (début du XIVe siècle), puis *authorisation* (1419, d'abord dans le vocabulaire juridique), et *agrément* (1465), qui signifie originellement « approbation », « consentement ».

Évolution

Jusqu'au XVIIe siècle, le sens d'« autorisation » reste très fréquent, surtout dans le domaine du transport des marchandises, de même que l'expression *prendre congé* ; en revanche, les expressions *demander congé* ou *donner congé* se raréfient. Nous conservons aujourd'hui la locution *prendre congé*, mais, depuis 1936 et le Front populaire, le substantif est surtout employé au pluriel pour désigner les « congés payés » ; enfin, nous pouvons aussi, désormais, *partir en congé* (alors que la fonction publique parle plutôt de *vacances*), ou encore *prendre un congé sabbatique*, expression venue de l'anglais.

Conseil et *conseiller*

Étymologie

Le terme *conseil* est issu du latin classique *consilium* (du verbe *consulere* : « réunir pour une délibération », « consulter »), qui signifie :

- (dans la langue juridique) « endroit où l'on délibère » ;
- (par métonymie) « consultation », « délibération » ;
- (puis, dans la langue courante) « projet », « dessein » ;
- (par extension) « dessein mûri et réfléchi », d'où « sagesse », « prévoyance ».

Ancien français

1. Le substantif, qui apparaît au Xe siècle, est très fréquent en ancien français et présente une grande variété d'emplois et de sens ; il hérite en particulier de certains sens latins, notamment « délibération », « assemblée délibérante », « réunion de gens qui délibèrent », même si ces derniers sont minoritaires au Moyen Âge :

> Di va, font il, a nos qu'afiert
> parler al *consoil* le roi ? (*Perceval*, v. 8930-8931)

2. Au Moyen Âge, *consoil* a surtout le sens de « conseil », « avis que l'on donne à qqn sur ce qu'il doit faire », voire « aide », « assistance » :

> Sanz *cunseil* de tute autre gent,
> Lur fiz amdeus les assembla. (*Milon*, v. 526-527)

> Deprient Deu que *conseil* lour en doinst. (*Vie de saint Alexis*, v. 309)

NB : à partir du sens de « avis » « conseil », on forme la locution verbale *prendre cunseil* (« consulter », « demander l'avis de qqn », exemple 1), à ne pas confondre avec la locution homonyme *prendre cunseil* où le terme a cette fois le sens de « décision » (« prendre une décision », « décider », exemple 2) :

> Pur ceo preng jeo *cunseil* de vus
> Que fiance ad entre nus. (*Éliduc*, v. 673-674)

> Autre *cunseil* vus estuet prendre,
> Car cest ne voil jeo pas entendre. (*Deux Amants*, v.101-102)

3. En ancien français, *conseil* prend aussi très souvent le sens de « secret », sans doute hérité de celui de « délibération », « conciliabule » :

> Se ge un mien *consoil* te di,
> del bien celer mout te chasti
> por ce que tu i aies preu. (*Perceval*, v. 8813-8815)

Cette acception donne lieu aux expressions *estre du cunseil de qqn* (« partager son secret ») et *a cunseil* (« en secret, à voix basse ») :

> A *cunseil* li ad di saluz
> Que la pucele li mandot. (*Eliduc*, v. 404-405)

4. Enfin, *cunseil*, comme en latin, peut signifier « sagesse », notamment dans l'expression *par cunseil* ou *par grant cunseil*, quasiment synonyme de *par esgart* (« avec attention »), que l'on peut traduire par l'adverbe « sagement » :

Par grant *cunseil* et par esgart
Une cité fist faire uns reis. (*Deux Amants*, v. 12-13)

Le cas particulier du verbe *conseiller*

Ce verbe vient du latin populaire **consiliare* (issu du latin classique *consiliari*, « délibérer », « donner un avis », verbe lui-même issu du substantif *consilium*). En ancien français, le premier sens est « parler en secret à qqn », et peut donc être mis en rapport avec le sens de *conseil* (« conciliabule »), et l'expression *a consoil* (« en secret ») :

Si li dit en bas et *consoille* :
"Dameisele, ge vos aport
Un anelet d'outre ce port". (*Perceval*, v. 8738-8740)

Très tôt cependant (dès la *Chanson de Roland*), *conseiller* peut avoir le sens moderne de « guider qqn dans sa conduite », « donner un avis », « indiquer qqch à qqn ».

Milon respunt que il fera
Ceo que ele *cunseillera*. (*Milon*, v. 65-66)

NB : Le verbe peut aussi s'employer à la forme réfléchie (*soi consoiller* : « prendre conseil »), tandis que le participe passé qualifie très souvent une personne qui a réfléchi ou demandé conseil.

Paradigme morphologique

• *Conseiller* substantif est issu du latin *consiliarium*. Très ancien (IXe siècle), le terme désigne une « personne donneuse de conseils » puis, à partir du moyen français, une « personne siégeant dans un conseil ». Il a pour doublet *conseilleur* (déverbal de *conseiller*), mot qui possède les mêmes sens mais disparaît très tôt au profit de son rival.

• *Desconseiller* : le verbe acquiert le sens moderne dès le XIIe siècle ; cependant, il apparaît d'abord en ancien français sous la forme participiale avec le sens de « désemparé », « qui a besoin d'aide » :

Vileinement *descunseillee*
M'ad en autre tere laissiee. (*Éliduc*, v. 1081-1082)

Évolution

La plupart de ces termes subsistent jusqu'en français moderne en gardant les sens acquis au cours du Moyen Âge ; il n'y a donc pas grand-chose à ajouter. Remarquons néanmoins la vitalité actuelle du mot *conseil*, qui a acquis en français moderne le sens de « conseiller » (*conseil fiscal*), et demeure très vivant dans le vocabulaire des institutions au sens de « assemblée délibérante » : *Conseil d'État* (XVIe siècle), *conseil municipal* (1790), *conseil général* (1871), *conseil régional* (1972), *Conseil de l'Europe* (1979), en attendant la suite.

Cortois et *cort*

Étymologie

En latin classique *cohortem* désignait deux réalités distinctes :

1. « Enclos » dans le vocabulaire rural (le mot est apparenté à *hortus*), d'où « cour de ferme », « parc à bestiaux », « basse-cour » (le terme est rare chez les auteurs classiques, bien sûr, mais survit jusqu'en français moderne).

2. « Division du camp » dans le vocabulaire militaire, puis, par métonymie, « groupe qui s'y trouve » (= bataillon de 600 hommes environ).

Par la suite, à l'époque impériale, le premier sens demeure mais le second évolue : *cohortem* désigne désormais l'« état-major » du prince.

Ancien français

Admirateurs des Romains, les rois barbares puis capétiens souhaitent posséder eux aussi une *cohorte* composée de leurs fidèles. Néanmoins, le mot, devenu *cortem* puis *cort* par les lois habituelles de l'évolution phonétique, désigne alors une réalité moins militaire que politique et domestique. A ce moment de l'histoire (X^{e}-XIe siècles), il n'y a en effet pas de distinction entre les fonctions des fidèles du roi. La *cort* réunit donc indifféremment :

– le *bouteiller* : préposé à la cave ;
– le *connétable* (= « comte de l'étable ») : préposé aux écuries ;
– le *sénéchal* : sorte de « chef du personnel » ;
– le *chancelier*, qui assure l'expédition des actes royaux ;
– le *chambrier* : garde du trésor royal.

Par la suite en revanche, les fonctions se spécialisent, et, en premier lieu, les fonctions judiciaires : ainsi apparaît la *cort le roi*, première forme de parlement, au XIIe siècle, tandis qu'au XIIIe siècle, le substantif *cort*, sans autre précision, désigne souvent l'ensemble des magistrats rendant leur jugement dans un tribunal.

NB 1 : au XIIIe siècle, les magistrats français, toujours admiratifs devant les institutions latines, rattachent artificiellement le mot *cort* à un nouvel étymon, *curia*, qui désigne la « cour de justice » en latin classique. Ce phénomène est important, car il explique :

– l'évolution du mot *cort* dans un sens juridique et politique ;
– la chute du *t* au cours du Moyen Âge.

NB 2 : cette spécialisation juridique et politique ne doit pas occulter la survivance des sens ruraux d'« enclos » et de « cour de ferme » pour *cort*, et ce tout au long du Moyen Âge.

Paradigme morphologique

L'adjectif *courtois* apparaît vers 1100 ; il qualifie à l'origine celui qui vit à la cour, et, plus généralement, ce qui concerne la cour ; très vite cependant, à cette perspective sociale s'en ajoute une autre, plus « morale » : l'homme *courtois* est celui qui possède les manières propres à ceux qui évoluent dans l'entourage royal, et se comporte de façon policée et raffinée. A tous points de vue, il s'oppose donc au *vilain*.

Pensez aussi au substantif *courtoisie*, apparu vers 1150, qui désigne la qualité de l'homme *courtois* et constitue l'une des trois vertus majeures du chevalier (avec la prouesse et la largesse). Elle s'associe le plus souvent à la *mesure*, autre qualité fondamentale de l'époque médiévale, mais, selon Paul Zumthor, alors que cette dernière renvoie au comportement **extérieur**, la *cortoisie* réfère davantage aux manifestations **intérieures** de la bonne éducation. Fondée sur des manières raffinées et policées, la *cortoisie* est notamment illustrée par toute une littérature dite *courtoise* où une large place est faite aux rapports amoureux et à la dame (du latin *domina* : « maîtresse »).

NB : c'est au XIXe siècle que le philologue Gaston Paris invente le concept d'*amour courtois* pour qualifier l'amour policé et raffiné unissant le chevalier médiéval à sa dame ; les médiévaux utilisent l'expression *fine amor*.

Évolution

Après le Moyen Âge, la *cour*, notamment sous François Ier, est un milieu de plus en plus raffiné où le rôle des femmes va croissant. Elle devient un entourage purement mondain qui accompagne le roi de château en château et subit la forte influence de la Renaissance italienne. A la même époque, cette influence se fait aussi sentir dans la langue, puisqu'on emprunte à l'italien le terme *courtisan* (« familier de la cour »).

Sous Louis XIV, le phénomène s'accentue, et plusieurs expressions voient le jour :

– *faire sa cour au roi* ;
– *savoir la cour* (« connaître les manières courtoises ») ;
– *être bien en cour*.

Cela dit, la *cour* demeure le lieu où se prennent les décisions, au point que l'expression *cour de France* désigne bien souvent le gouvernement du pays.

Chez les moralistes (La Bruyère par exemple), la *cour* s'oppose également à la ville, et les *courtisans* s'opposent aux *bourgeois*, notamment ceux de Paris ; le terme peut alors être connoté négativement, la *cour* apparaissant comme le monde du faux-semblant et de l'hypocrisie.

Avec la chute de la monarchie, bien des acceptions du mot s'effacent ; subsistent néanmoins les sens juridiques (*cour de justice*, *de cassation*, etc), ainsi que le sens rural (*basse-cour*, *cour de ferme*) ; de même, nous avons gardé l'expression *faire la cour* dans un contexte amoureux (influence de l'*amour courtois*), tandis que disparaissaient nombre d'expressions mettant en avant le côté superficiel de la *cour* royale : *ami de cour* (« ami peu sûr »), *eau bénite de cour* (« compliments hypocrites »). Enfin, l'adjectif *courtois* est demeuré au sens de « poli », ainsi que sous la plume des médiévistes, pour qualifier la *fine amor* médiévale.

Covent

Étymologie

Le substantif *covent* remonte au latin *conventus, i*, ou *conventum, i*. Ces deux derniers termes signifient tous deux « accord », « convention », « pacte », et sont dérivés du verbe *convenire* : « se rassembler », « venir ensemble » (pour prendre une décision notamment), puis « convenir », « s'adapter » et, surtout, « être l'objet d'un accord », en particulier dans l'impersonnel *convenit* : « il y a accord ».

Par la suite, en latin ecclésiastique, se développe pour *conventus, i* un autre sens : « congrégation », « assemblée de moines », que l'on retrouve en ancien français.

Ancien français

L'ancien français conserve pour *covent* le sens latin de « pacte », « accord » avec néanmoins quelques nuances :

1. « Pacte, convention » « promesse », notamment dans les syntagmes *mettre en covent* (« promettre »), et *tenir covant* (« tenir sa promesse ») :

> Malement a Raous *couvent* tenu
> qi entre lui e l'abeese fu. (*Raoul de Cambrai*, v. 1278-1279).

2. Par extension du sens précédent, *covent* peut aussi signifier « condition », surtout dans les locutions *par covent que* et *par tel covent que*, qui signifient « en respectant la promesse que », d'où « à la condition que » :

> Car il voldrait volentiers le cheval avoir por sivre le chevalier, [...] *par covent qu*'il l'eust par la volenté au valest. (*Queste del saint Graal*, p. 88, 27)

3. Enfin, à partir du sens ecclésiastique (« congrégation »), le mot *covent* développe en ancien français le sens de « communauté », « ordre religieux », « ensemble de moines », puis, par extension, peut désigner toute communauté, qu'elle soit religieuse ou non :

> L'eve benoite et les croiz
> Et li cierge aloient avant
> Avoec les dames d'un *covant*. (*Yvain*, v. 1166-1168)

NB : par métonymie, *covent* peut aussi désigner le « lieu où vivent les membres d'une même confrérie religieuse ».

Paradigme morphologique

• Il faut citer ici le verbe *covenir*, qui signifie en ancien français, conformément à son étymologie, « se rassembler », « se réunir », puis acquiert au XIIIe siècle le sens de « tomber d'accord sur », « reconnaître la vérité de ». Cela dit, *covenir* est surtout utilisé alors à la forme impersonnelle : *covient* signifie « il faut », « il est nécessaire ».

NB : les sens de *covenir*, on le voit, étaient assez éloignés de ceux du substantif. C'est pourquoi l'ancien français a créé le verbe *coventer* pour signifier « passer un accord », « promettre ».

• Du côté des substantifs, notez surtout *covenant* (participe présent de *covenir*), terme quasiment synonyme de *covent*, qui apparaît notamment dans les expressions *metre en covenant* (« poser comme condition »), *par (tel) covenant que* (« à la condition que »), mais possède aussi quelques sens propres : « caractère », « conduite », « intention », « désir ».

Paradigme sémantique

• « Convention, traité » : *acord, acordance, plait.*

• « Assemblée », « réunion » : *assemblee, parlement.*

• « Lieu de vie d'une communauté religieuse » : *moustier, abeïe, religion.*

Évolution

En moyen français, *covent* et *covenant* conservent les principaux sens de l'ancien français et l'on rencontre toujours les expressions *par tel covent, tenir covent, avoir en covent*, etc. Cependant, avec la relatinisation de la langue, à la fin du Moyen Âge, *covent*, de plus en plus souvent orthographié *convent*, tend surtout à désigner la « congrégation » la « communauté religieuse ». Le verbe *covenir* (désormais orthographié *convenir*) réactualise quant à lui le sens latin de « se réunir, se rassembler », ainsi que « tomber d'accord », « s'accorder ». Enfin, on voit apparaître de rudes concurrents pour *covent* : *convention* (directement inspiré du latin *conventio, onis*), qui signifie « réunion »,

« assemblée », « accord », et *convenance*, qui signifie « pacte », puis « conformité entre deux choses ».

En français classique, *convenant* disparaît en tant que substantif (il n'est plus utilisé qu'avec le sens adjectival de « convenable », « approprié ») ; quant à *convenance*, qui signifiait jusqu'alors « accord », « conformité » et au pluriel, « bienséances », il ne conserve que ce dernier sens. De même, *convention* signifie désormais seulement « accord entre des personnes ». Enfin, *convent* s'orthographie aujourd'hui *couvent* et s'est spécialisé au sens de « monastère de religieux ».

Cuer et *corage*

Étymologie

Cor est issu du latin classique *cor*, *cordis*, neutre, qui désigne l'« organe de la circulation », mais aussi « l'estomac » et le « siège des sentiments ». C'est la forme de latin populaire *coratum* qui donnera lieu au substantif *corage* en ancien français.

Ancien français

1. Les deux substantifs apparaissent dès la fin du XIe siècle, dans la *Chanson de Roland* ; *cuer* possède dès lors les sens de « cœur », « âme », « sentiment », « goût », « entendement », « mémoire », et « esprit » (ces multiples sens correspondent en fait à ceux des termes latins *cor*, *anima*, *mens*, et *animus*). Autrement dit, le *cuer* demeure au Moyen Âge l'organe de la circulation, de la respiration et le siège des sentiments, mais devient aussi celui de l'intelligence et de la mémoire :

> Sur le mont vint ; tant se greva,
> Ileoc cheï, puis ne leva :
> Li *quors* del ventre s'en parti. (*Deux amants*, v. 213-215)
>
> Mut ai pur lui mun *quor* dolent. (*Eliduc*, v. 1094)

Sur ces diverses acceptions sont créées les expressions suivantes :

– (sens général de « organe de la circulation et de la respiration »)
le cuer me manqua (ou *me failli*) : « je m'évanouis », « je défaillis » ;

– (sens général de « siège des sentiments »)
estre a mesaise de cuer : « être malheureux », *a cuer* ou *a cuer joye* : « joyeusement », « gaiement » ;
– (sens général de « siège de l'intelligence »)
tomber au cuer : « venir à l'esprit ».

A partir de ces premiers sens, *cuer* acquiert aussi ceux de « volonté », « désir », « intention » (sans doute dérivés du sens initial de « goût »), d'où les expressions *faire qqch de bon cuer*, ou au contraire, *par malveis cuer*.

Enfin, *cuer* peut désigner au Moyen Âge une disposition de l'esprit bien particulière, le « courage », d'où les locutions verbales *donner cuer* et *prendre cuer* : « encourager » et « prendre courage » :

> Il ne les en voult onques croire, la reson pour quoy que il
> dit que il en *donroit cuer* a ses ennemis.
> (Joinville, *Vie de saint Louis*, § 149)

2. *Corage*, lui, désigne en ancien français le « siège des sentiments » beaucoup plus que le « courage », sens rare avant l'époque classique ; ainsi les auteurs médiévaux précisent-ils souvent qu'un personnage *pense*, *prise*, ou *dote en son corage*. Cela dit, *corage* peut aussi désigner, par métonymie, la « disposition du cœur », les « sentiments » eux-mêmes, d'où les tournures *estre frans / hardi / cortois... de corage*, et les expressions *avoir bon corage* (« être généreux »), *mostrer*, *dire*, *descovrir son corage* (« avouer ses sentiments »), *amer de bon corage* (« aimer d'un cœur sincère »), etc. :

> Forment le prise en sun *curage*. (*Eliduc*, v. 303)
> Jeol tienc a curteis e a sage
> Que bien seit celer sun *curage*. (*Ibid.*, v. 423-424)

Paradigmes

Sur le plan **morphologique**, retenez l'adjectif *coraigeus* (XIIe siècle), les substantifs *encoragement* et *decoragement* ainsi que les verbes *encorager* et *decorager*, qui ont tous, déjà, leur sens moderne. Sur le plan **sémantique**, il convient de rapprocher *cuer* et *corage* des substantifs *talent* et *desir* (sens de « disposition du cœur », « envie », « volonté ») et, pour le sens restreint de « courage », des substantifs *proësce* et *vaillance*.

Évolution

Cuer, devenu *cœur*, possède aujourd'hui encore les sens médiévaux : « organe de la circulation », « disposition du cœur » (*avoir bon cœur*, *de bon cœur*), « siège de la mémoire » (*par cœur*), « siège des sentiments » (*aimer de tout son cœur*, *de tout cœur*), « courage », « ardeur » (*mettre du cœur à l'ouvrage*, *avoir du cœur*), « envie », « désir » (*avoir à cœur de...*, expression apparue au XVIIe siècle). De plus, le sens de « centre », hérité du vocabulaire de l'héraldique médiévale, s'est développé après le Moyen Âge dans des emplois concrets ou figurés (*être au cœur de la cité*, *au cœur des événements*).

Quant à *corage*, devenu *courage*, il garde les sens médiévaux jusqu'au XVIIe siècle avant de se restreindre aux sens modernes de « bravoure » et « ardeur », conservés aujourd'hui.

Dangier

Étymologie

Dangier est issu du bas latin **dominarium*, terme employé en Gaule du Nord pour *dominium* : « propriété, droit de propriété ».

Ancien français

Remarque préliminaire : **dominarium* a donné lieu phonétiquement au substantif *dongier* et non pas à *dangier* ; le changement de vocalisme s'expliquerait par l'influence du terme *dam* : « dommage ».

1. Le premier sens du mot en ancien français est : « exercice d'une autorité, d'un pouvoir ». On trouve ainsi fréquemment dans les textes des expressions du type :

– *par dongier* : « à volonté », « à profusion » ;
– *estre* ou *cheoir en autrui dongier* : « être ou tomber à la merci de quelqu'un » :

Estes vos si en son *dangier*
Qu'elle vous tole le mangier ? (*Galeran de Bretagne*, v. 1781-1782)

2. A partir du sens premier, on glisse rapidement vers des acceptions connotées plus négativement ; ainsi, conformément à l'image que le Moyen Âge se faisait de l'autorité du maître, *dongier* signifie bientôt « conduite agressive », « résistance », « refus », comme le signalent en particulier la coordination fréquente dans les textes médiévaux de *dongier* et *orguel*, le caractère du personnage de *Dangier*, dans le *Roman de la Rose* de Guillaume de Lorris, individu fort désagréable chargé de surveiller la dame, et le sens de la locution verbale *faire dongier* (« refuser », « résister ») :

D'entracoler ne de baisier
Ne *fait* li uns l'autre *dangier*. (*Jehan et Blonde*, v. 3031-3032)

3. Par métonymie enfin, *dongier* prend le sens de « privation », « manque », d'où l'expression *a dongier* (« parcimonieusement »), qui s'oppose à *sans dongier* (« à foison », « en grande quantité ») :

Si les festoia *sans dangier*. (*Galeran de Bretagne*, v. 139)

Paradigme sémantique

Au sens d'« autorité », « pouvoir », « domination », *dangier* est synonyme de *pooir*, *seignorie*, *prison*, mais aussi de *merci*, notamment dans l'expression *estre a la merci de*.

Au sens de « privation », « manque », il se rapproche des substantifs *faille* et *fautes*.

Évolution

En moyen français, le sens du mot *dangier* évolue. Cette évolution s'expliquerait par la synonymie des expressions *estre en dangier de* et *estre en peril de*, qui signifient l'une et l'autre en ancien français « être sous la domination de » : la possibilité d'échanger *merci* et *peril* au sein de ces deux expressions aurait fait évoluer *dangier* vers l'autre sens (le plus fréquent) du terme *peril* à cette époque : « danger », « péril ». Cela reste une hypothèse, mais, quoi qu'il en soit, *dangier*, au XVIe siècle, n'est attesté qu'avec le sens moderne de « péril », « danger ». En outre, l'adjectif *dangeros*, apparu au XIIIe siècle avec le sens de « sévère », « difficile », acquiert logiquement le sens de « périlleux », « dangereux » après le Moyen Âge.

Debonnaire

Étymologie

Afin de retrouver l'étymon de l'adjectif *debonnaire*, il faut décomposer celui-ci en trois termes : *de*, préposition, *bon*, adjectif tiré de *bonus* et de même sens que ce dernier, et *aire*, issu du substantif *area*, qui désigne en latin classique « l'espace où l'on bat le blé », la « cour », le « sol », mais aussi, dans un sens abstrait, la « superficie ».

Ancien français

Aire, en ancien français, conserve les sens de « cour » et « superficie » qu'il avait en latin classique, ainsi que celui de « nid des oiseaux de proie » acquis chez Plaute.

A partir de ce dernier sens, mais aussi, peut-être, sous l'influence d'un autre substantif *aire* issu du latin *ager, agri* (le « champ », le « patrimoine »), *aire* issu de *area* en vient à désigner au Moyen Âge la « famille », l'« origine ». Très vite, les médiévaux forment alors des locutions du type *de bon aire*, *de put aire* et *de mal aire*, en associant *aire*, substantif masculin signifiant « genre », « espèce », « origine », à divers adjectifs de valeur (*put* étant alors synonyme de *mal* et antonyme de *bon*). Ainsi, *estre de bon aire* signifie tout d'abord « être issu d'une noble famille », « être de bonne extraction », mais, dès le XIIe siècle, la réfection graphique de *de bon aire* en un adjectif unique *debonnaire*, le fait évoluer vers le sens de « noble », « valeureux », « admirable », en concurrence avec *preu*, *gentil* et *franc* :

> N'i ad celui ki ne l'ad chier,
> Tant esteit francs e *debonaire.* (*Bisclavret*, v. 178-179)

Par la suite, le sens originel s'efface et l'adjectif devient plutôt synonyme de « doux », « favorable », cette évolution sémantique ayant peut-être été favorisée par le rapprochement entre *de bon aire* et *de bon air*, où *air* signifie « apparence, allure ».

NB : *debonnaire* est un adjectif très fréquent dans les adresses, utilisé en concurrence avec les adjectifs *biaus* et *gentis* ; il faut alors plutôt le traduire par « cher » :

> Or me di, frere *debonaire,*
> ces armes, qui te les bailla ? (*Perceval*, v. 1372-1373)

Paradigme morphologique

Pensez au substantif *debonaireté*, apparu au XIIe siècle, et à l'adverbe *debonairement* (même époque), qui, comme l'adjectif *debonnaire*, évoquent tous deux l'idée de noblesse avant de glisser vers les notions de douceur et de bonté au XIIIe siècle. Quant au verbe *adebonnairir*, il signifie uniquement « rendre doux », « rendre favorable ».

Paradigme sémantique

Le vocabulaire médiéval est particulièrement riche en adjectifs qualifiant la personne de façon positive. *Bien né* et *haut* insistent sur la noble origine du personnage, *franc*, *preu* et *vaillant* évoquent plutôt son courage et sa vaillance, *douz* traduit l'idée de douceur et de bonté, tandis que *gentil* et *cortois* possèdent la même polysémie que *debonnaire*, puisqu'ils peuvent référer aux origines sociales de la personne autant qu'à ses qualités morales.

Évolution

Après la période médiévale, le sens de l'adjectif *debonnaire* continue de s'infléchir vers l'idée de douceur, puis de mollesse. C'est ainsi que ce terme, toujours positif en ancien français, devient fréquemment péjoratif et synonyme de « complaisant », « faible ».

Aujourd'hui encore, bien qu'il soit généralement positif, *débonnaire* conserve une tonalité dépréciative.

Degré

Étymologie

Le substantif latin *gradus* signifie « pas », « marche d'un escalier » et, déjà, de façon figurée, « degré », « position », « situation de l'échelle sociale ». On suppose que *gradus* a donné lieu en latin tardif au verbe *degradare*, dont le participe passé, *degradatum*, aurait ensuite lui-même donné lieu au substantif *degré* en ancien français.

Ancien français

Degré possède les mêmes sens que *gradus* en latin : « marche », « escalier », « échelon ». On peut ainsi indifféremment monter *les degrez* ou *le degré*, suivant que le mot signifie « marche » ou « escalier ». Par ailleurs, l'expression *monter de degré en degré* a le plus souvent un sens métaphorique et signifie « grimper les échelons » (d'un système hiérarchisé) :

> A la montee d'un *degré*,
> vint uns vaslez tot de son gré
> qui aporta un mantel cort. (*Perceval*, v. 1547-1549)

NB 1 : la métaphore de l'escalier est fréquente dans la littérature médiévale ; on la retrouve en particulier dès le XIe siècle dans la *Vie de saint Alexis*, dont le héros passe une grande partie de son existence sous un escalier dans une extrême pauvreté, signe de son refus du luxe et de toute promotion sociale :

> Cil le menat endreit soz le *degret* :
> Fait lui son lit o il puet reposer. (*Vie de saint Alexis*, v. 231-232)

NB 2 : dans le domaine généalogique, *degré* peut aussi désigner la « position au sein de la famille », et l'on parle parfois des personnes du même *degré de lignage*.

Paradigme sémantique

- « Marche » : *eschelon*.
- « Escalier » : *eschiele, vis* (jusqu'au XVIIe siècle, du latin *vitis, is*), *eschalier*, *montee*.
- « Degré » : *grade*, *eschelon*, *point*.

Évolution

Après le Moyen Âge, au sens de « marche », *degré* est concurrencé par *marche*. Au sens d'« escalier », on note de même le remplacement de *degré* par *escalier*, forme occitane du substantif *eschalier* qui se généralise au XVIe siècle.

Pour les sens de « degré », « échelon », *degré* subsiste et se développe au côté des substantifs *échelon* et *stade*, sans oublier le *rang*, qui signifiait « rangée » en ancien français, et acquiert au XVIe siècle son acception actuelle.

En outre, *degré* acquiert après le Moyen Âge les sens de « grade », « diplôme » (militaire ou universitaire), et « force », « intensité », « phase d'une évolution ».

Enfin, les emplois techniques du mot se développent au XVIIe siècle dans le domaine des mathématiques, de la physique, de la géographie et de la musique.

Destre et *Senestre*

Étymologie

Il existait déjà en latin classique un couple *dexter* / *sinister* (le suffixe [*-ter*] marquant l'opposition binaire en latin) opposant dans l'espace la droite et la gauche.

Dès cette époque cependant, au sens spatial se superpose un sens plus abstrait puisque *dexter* a le sens de « favorable », et *sinister*, celui de « défavorable ». Cette distinction se fonde sur le rite grec des augures : quand les oiseaux venaient de la droite, c'était un heureux présage, et un mauvais dans le cas contraire. Retenez aussi qu'on trouve chez les auteurs classiques (Virgile, Cicéron...) le sens de « adroit » pour *dexter*, ceci s'expliquant par le fait que la main droite, dans une civilisation où vivent 80 % de droitiers, est presque toujours la plus habile.

A partir de l'adjectif *dextra*, féminin de *dexter* souvent associé au substantif *manus* (« la main »), on crée dès l'époque classique, après la chute de *manus*, un nouveau substantif féminin, *dextra*, qui désigne à lui seul la « main droite », d'où la formation de la locution prépositionnelle *a dextra* ou *ad dextram* : « à droite ».

Ancien français

En ancien français, par évolution populaire, le mot *dextra* devient *destra* puis *destre*, de même que *sinistra* > *senestre*. A cette époque, les deux mots n'ont pas de connotation morale, et *senestre*, en particulier, ne recouvre pas le sens de « sinistre » ou « funeste ». Le couple français désigne simplement les deux directions opposées par rapport à un repère, ainsi que la main droite et la main gauche :

Plus estoit blans que nule nois,
Orelles noires come pois,
De li qui fu au les *senestre* ;
De l'autre part, sor le flanc *destre*,
Ot une tace tote noire. (*Bel Inconnu*, v. 1287-1291)

A partir de ce dernier sens, on crée les locutions verbales *mener en destre* et *avoir en destre* : « mener [un cheval] par la bride à sa droite », et le substantif *destrier*, qui désigne le cheval ainsi mené (il s'agit d'un cheval de combat que l'on évitait de monter en permanence pour ne pas le fatiguer inutilement).

NB 1 : même si *senestre* et *destre* n'ont plus le sens de « défavorable » et « favorable » qu'ils avaient en latin, dans l'iconographie chrétienne, l'opposition gauche / droite est loin d'être indifférente : les élus sont à droite et les damnés à gauche, par exemple.

NB 2 : en ancien français, si le substantif et l'adjectif *destre* ne renvoient pas à la notion d'habileté, il n'en va pas de même pour l'adverbe *adestre*, qui signifie « habilement ».

Évolution

En moyen français (XIVe-XVe siècle), la vague de relatinisation de la langue française transforme *destre* en *dextre*. Cela dit, *dextre* n'est plus employé que dans la langue noble pour désigner la « main droite » : il ne subsiste aujourd'hui que dans la langue du blason, extrêmement conservatrice, et dans celle de la zoologie. En revanche, *dextérité*, emprunté au latin *dexteritas, atem* au XVIe siècle (toujours en raison de la vague de relatinisation) reste aujourd'hui très dynamique.

Au XVIe siècle, la relatinisation touche également *senestre*, qui devient alors *sinistre* et retrouve le sens latin (« qui fait redouter un malheur », « funeste »). Cependant, par un phénomène linguistique tout à fait intéressant, cette acception de *sinistre* fait de lui un mot tabou ; dans son sens spatial, il est donc remplacé par *gauche*, d'origine incertaine.

NB : le substantif actuel *sinistre*, surtout utilisé comme terme d'assurances, est en fait un emprunt à l'italien *sinistro*.

Annexe – Quelques remarques sur le remplacement du couple *destre / senestre* par le couple *droite / gauche*

Nous venons de voir que le premier mot touché fut *sinistre*, devenu tabou au XVe siècle ; pour le remplacer, on fit appel à *gauche*, déverbal de *gauchir*, sans doute dérivé du verbe d'origine germanique *guenchir* (« faire des détours », « obliquer[1] »). Conformément au sens de son étymon, *gauche* signifiait « de travers », « qui s'écarte de la ligne droite », mais aussi, de façon figurée, « qui s'écarte de la ligne morale », « malhonnête ». Il s'opposait donc doublement à *droit*, issu du latin *directum*, qui, en moyen français puis au XVIe siècle, référait à la droiture morale mais signifiait aussi, concrètement, « sans détour ». Par la suite, l'adjectif *droit*, tout en continuant de référer à la droiture morale et à la rectitude, devint donc l'antonyme de *gauche* sur le plan spatial également. C'est alors qu'apparurent le substantif *droitier* (XVIe siècle), ainsi que les locutions prépositionnelles *à droite / à gauche*, issues des locutions plus anciennes *à main droite / à main gauche* (ceci expliquant pourquoi on y trouve l'adjectif *droite* au féminin).

Deviser, *devise* et *devis*

Étymologie

Deviser vient du bas latin **divisare*, devenu **devisare* par dissimilation, lui-même issu du latin classique *dividere*, qui signifie « partager », « diviser », « répartir » (supin : *divisum*).

Ancien français

On trouve la première attestation du mot au début du XIIe siècle, chez Philippe de Thaon, dans un contexte scientifique et mathématique : il signifie « diviser », « analyser ». Ensuite, très vite, le terme recouvre au Moyen Âge quatre sens essentiels :

1. Il s'agit là d'un terme de chasse (*guenchir :* « faire des détours » pour échapper à son poursuivant).

1. « Partager », « séparer », « répartir » :

> Tot son raine a *devisé,*
> Et a ses deus filles donné. (*Brut* de Wace, v. 1857-1858)

NB : ce sens perdure en moyen français dans des expressions du type *deviser la queste* : « répartir ce qu'on a trouvé » (en parlant du butin ou du produit de la chasse notamment).

2. Par extension, on passe à la notion de « disposition » et de « mise en ordre », d'où le sens de « mettre en ordre » (dans le domaine militaire en particulier), « arranger », « préparer » :

> Tut le jur ont issi esté
> E lur eire bien *devisé.* (*Eliduc,* v. 789-790)

3. « Vouloir », « commander », ou, entre deux personnes de même rang, « proposer » :

> Et je li diz que il *devisat* ce que il vourroit, et je le feraie.
> (*Vie de saint Louis,* § 579)

4. « Exposer », « deviser », « converser » (en concurrence avec *dire, retraire, raconter*) :

> L'os del braz destre li brisa,
> si com li fos li *devisa*
> qui maintes fois deviné l'ot. (*Perceval,* v. 4289-4291)

Devise et *devis*

1. *Devise* signifie originellement « séparation », « intervalle », d'où l'expression *mettre a devise* : « mettre en pièces ». Ensuite, on passe du sens concret au sens abstrait ; *devise* signifie alors « différence », « écart » (pensez au proverbe *entre fol et sage a grant devise*). Enfin, *devise* peut désigner la « conversation », le « récit », la « description », notamment dans la locution *faire devise* (« décrire ») et l'expression *n'afiert pas longue devise* (« un long discours est inutile »).

Devise entre aussi dans la formation de nombreuses locutions prépositionnelles :

- *par tel devise que* : « de telle manière que » ;
- *a devise* : « parfaitement », « exactement » (retenez en particulier la formule « adjectif + *a devise* », qui signifie que la qualité marquée par l'adjectif est possédée au plus haut point ; par exemple, *bele a*

devise signifie « extraordinairement belle », et *laide a devise*, « extraordinairement laide ») ;
– *a ma / sa / ta devise* : « à mon / son / ton gré ».

2. *Devis* signifie tout d'abord « division », « séparation », puis « dispute », « différend ». Il entre lui aussi dans la formation de nombreuses locutions :
– *par devis* : « en bon ordre » ;
– *avoir a devis* : « avoir à satiété ».

Puis, comme *devise*, *devis* peut désigner la « description », le « récit », d'où l'expression *que vos feroie lonc devis ?* (« pourquoi vous faire un long récit ? »), fréquente dans les textes médiévaux, et la locution verbale *faire le devis* (« décrire en détails »), qui annonce le sens moderne du mot.

Paradigme morphologique

- *Devisierres* (« conteur »).
- *Devisance, devisee, devisement* (« récit », « conte »).
- *Devision* (« partage », « mise en ordre », « ordre », « proposition », « récit »).

Évolution

Deviser subit une restriction sémantique : en moyen français déjà, « partager » se dit *diviser* (refait sur *divisare*), et le sens de « mettre en ordre » est assumé par *disposer*. En moyen français, *deviser* signifie uniquement « indiquer », « ordonner » et « raconter ». Au XVIe siècle, seul ce dernier sens résiste, tandis que *deviser*, substantivé, désigne la « conversation ». Après le XVIIe siècle enfin, *deviser* signifie toujours « raconter », mais seulement dans un style bas ou familier, ou, de nos jours, dans un usage littéraire ou régional.

Devise : en moyen français, les sens de « division » et de « répartition » disparaissent, et les autres se raréfient. En effet, le terme se spécialise et n'est plus utilisé que dans le vocabulaire héraldique (« emblème », « signe distinctif »).

Au XVIIe siècle, par métonymie, la *devise* désigne la « sentence » (formule accompagnant l'emblème). A la même époque, le sens moderne apparaît (encore rare) chez La Fontaine : « Plutôt souffrir que mourir, / c'est la devise des hommes » (*Fables*, I, 16, 20).

Enfin le sens moderne apparaît au milieu du XIXe siècle sous l'influence de l'allemand *devise* (monnaie), mais aussi par métonymie (car une sentence est imprimée sur les formulaires de change dans les banques).

Devis : le sens de « conversation », « discours », est usuel jusqu'au XVIIe siècle (Montaigne oppose par exemple le *devis* à la *lecture*), puis il disparaît. On constate alors un appauvrissement croissant du sens de ce mot, qui ne conserve aujourd'hui que celui de « état détaillé des travaux à exécuter » (*Petit Robert*).

Doter

Étymologie

Doter vient du latin classique *dubitare*. Quand ce verbe a un sujet animé, il signifie « balancer, être indécis », « douter si, douter que », « hésiter à » ; quand le sujet est inanimé, il signifie « être incertain », « ne pas être sûr ».

NB : jamais, en latin, *dubitare* n'a le sens de « craindre » (de même, aucun des mots du paradigme de ce verbe ne contient le sème de crainte).

Ancien français

1. Le verbe *doter*, construit de façon **transitive directe** avec un sujet animé, a essentiellement le sens de « craindre », « redouter ». Dans les textes médiévaux en particulier, le mauvais serviteur est celui qui « son seigneur ne dote » tandis que l'absence de peur, tout au contraire, permet de distinguer le chevalier du commun des mortels :

> Nel me devez nïent celer,
> Ne mei de nule rien *duter*. (*Bisclavret*, v. 81-82)

> Cest pont ne ceste eve ne *dot*. (*Lancelot*, v. 3086)

> Et pour ce que il *doutoit* que il ne le desheritast, li donna un reaume que il avoit en Orient. (*Vie de saint Louis*, § 287)

NB : cette acception, non attestée en latin, viendrait du sens d'« hésiter » ; en effet, l'hésitation peut être perçue comme le signe d'un sentiment de crainte, et, plus encore peut-être, l'absence d'hésitation peut apparaître comme une preuve de courage.

2. Ce verbe peut aussi être construit avec un **complément indirect** introduit par *de* ; il conserve alors le même sens :

> Ja mar ne *doteroiz* de nelui. (*Lancelot*, v. 3377)

3. Enfin, notez la construction **pronominale** du verbe, suivi de la préposition *de* ou d'une complétive introduite par *que* :

> ... Mut li pesa
> E de lui perdre *se duta.* (*Equitan,* v. 203-204)

NB : on rencontre plus rarement en ancien français la construction avec *por* ou un infinitif.

4. Si le sème de crainte domine largement, le sème de doute n'est pas totalement absent en ancien français ; il est présent notamment dans l'incise *n'en dotez pas,* ou *n'en dotez ja,* qui permet de renforcer une affirmation :

> Si est, sire, *n'en dotez ja.* (*Perceval,* v. 8493)

Paradigme morphologique

• *Redoter* et *soi redoter* (le préfixe [*re*-] marquant l'intensité) : « craindre très fortement ».

• *Dote* : « crainte », ou, plus rarement, « doute », « incertitude »
> *avoir dote de* : « douter », « être incertain de ».

• *Dotance, doutance* : « crainte », « peur », « doute », « hésitation »
> *sanz dote* et *sanz dotance* : « sans doute, sans hésitation ».

• *Dotos* et *dotif* (adj.) : sens actif : « qui a peur », ou passif : « qui inspire de la crainte », et, beaucoup plus rarement, « douteux », « incertain ».

• *Dotable* et *doutable* (adj.) : sens actif (« qui redoute ») ou passif (« que l'on doit redouter ») ; tous deux disparaîtront au profit de *redotable* et *redoutable*, de même sens.

NB : l'adjectif *dubitatif* est apparu au XIVe siècle pour qualifier une tournure grammaticale exprimant un doute ; il ne subsiste aujourd'hui que dans le vocabulaire courant. Quant aux adjectifs *dubitable* et *indubitable* (XIXe siècle), ils appartenaient d'abord au vocabulaire philosophique ; seul le second a survécu, en s'étendant lui aussi au vocabulaire courant.

Évolution

Au XVIIe siècle, le sème d'hésitation, d'incertitude, devient majoritaire puis exclusif pour *douter* et ses composés, tandis que celui de crainte est assumé par *redouter* et ses composés. Ainsi, *soi doter de*, qui signifiait en ancien français « avoir peur (de qqch) », signifie en moyen français « avoir le pressentiment (de qqch) », avant d'acquérir au XVIe siècle son sens moderne. En outre, *douter* entre à la Renaissance dans le vocabulaire de la religion et de la philosophie ; *douter* signifie alors « n'être sûr de rien ».

Douleur (le vocabulaire de la)

dolor, ire, corroz, etc.

Présentation

L'adjectif le plus ancien de la langue française pour exprimer la tristesse est *dolent*, emprunté au Xe siècle au latin vulgaire **dolentus*, réfection du latin classique *dolens, entem* (participe présent du verbe *dolere* signifiant « souffrir »). A la même époque est attesté l'adjectif *morne*, issu du verbe francique **mornon* : « être triste, inquiet » ; quant à *triste*, emprunté au latin classique *tristis*, de même sens, il fait son entrée dans la langue au XIIe siècle.

D'autre part, l'ancien français possède deux adjectifs ambivalents, qui peuvent dénoter le chagrin ou / et la colère : *iriez*, participe passé adjectivé du verbe *irier*, lui-même formé sur le substantif *ire* : « colère », « chagrin » (du latin *ira* : « colère »), et *correciez*, participe passé du verbe *correcier* (issu du latin vulgaire **corruptiare* : « altérer », « gâter », « maltraiter »), qui signifie « altérer », « gâter », puis, par glissement de sens : « chagriner », « mettre en colère ». Ce glissement de sens s'expliquant peut-être par une vision originale de la colère et du chagrin comme altération de l'âme.

NB : au XIIe siècle apparaît le verbe *affliger*, issu du latin classique *affligere*, utilisé dans la langue chrétienne au sens de « frapper, abattre » ; ce verbe, de même que le substantif *affliction* emprunté au latin *afflictio, onem*, gardera jusqu'à la fin du Moyen Âge le sens de son étymon, dans un contexte généralement religieux. Il est donc pour vous un « faux ami », qui n'acquerra son sens moderne qu'après la période médiévale.

Paradigmes

Au même paradigme que *dolent* appartiennent l'adjectif *doloreus*, issu au XIIe siècle du latin tardif *dolorosus*, et le substantif *dolor*, formé directement au XIe siècle sur le latin classique *dolor, orem* : « douleur », « souffrance ». Cela dit, on trouve aussi dans les textes de cette époque un autre substantif, *duel*, issu d'une forme primitive *dol*, fréquemment utilisé avec les verbes *avoir*, *mener*, *demener* et *faire* ; ainsi, *mener duel* signifie « manifester sa douleur »). Quant au verbe *doloir* (du latin classique *dolere* : « souffrir »), il apparaît dans la langue dès le Xe siècle en conservant le sens latin, et peut référer, comme les autres termes du paradigme, à la douleur physique ou morale.

Triste possède lui aussi un paradigme intéressant : dès le XIIe siècle apparaissent le substantif *tristesse* et le verbe *contrister*, tandis que le verbe *attrister* naît en moyen français, au XIVe siècle. Il n'existe en revanche aucun terme important appartenant au paradigme de l'adjectif *morne*, et nous ne reviendrons pas ici sur les termes déjà cités plus haut : *ire*, *irier* et *correcier*.

Évolution

Douleur, *dolent* et *douloureux* conservent aujourd'hui leurs sens médiévaux et continuent de référer soit à la douleur physique, soit au chagrin et à la peine. En moyen français apparaissent en outre les substantifs *douliance* (dérivé du verbe *douloir*), qui acquiert dès le XVe siècle le sens de « plainte orale ou écrite », et *indolence* (emprunté au latin *indolentia*, « absence de douleur ». En revanche, *doloir* disparaît à la fin du Moyen Âge, tandis que *duel*, devenu *deuil*, se restreint au sens de « douleur causée par la mort de quelqu'un ».

En moyen français, la langue s'enrichit grâce à l'apparition des trois adjectifs *funebre*, *lugubre* et *morose*, qui sont autant d'emprunts « savants » à la langue latine au moment de la relatinisation de la langue.

Funebre vient du latin *funebris, e* (« funèbre », de *funus* : « funérailles »), *lugubre*, de *lugubris, e* (« triste », « sinistre », « en deuil », du verbe *lugere* : « être en deuil »), et *morose* de *morosus* (« d'humeur difficile »).

Un siècle plus tard, à la toute fin du Moyen Âge donc, apparaissent le substantif *chagrin* et le verbe *chagriner*, dont l'étymon est l'un des plus charmants de la langue française puisqu'il s'agit de l'association du substantif *chat* et du verbe *gringner* (« pleurnicher », « être maussade »). Cette origine révèle d'ailleurs le sens premier de ce verbe : « rendre d'humeur maussade », « rendre de mauvaise humeur », plutôt que « rendre malheureux », comme c'est le cas aujourd'hui.

Notez aussi l'apparition en moyen français du verbe *irriter*, issu du latin classique *irritare*, « exciter », « mettre en colère », qui appartient dès lors au vocabulaire psychologique et physiologique, reflétant ainsi la théorie de l'époque selon laquelle la colère est une maladie résultant d'une affection de l'âme ou d'un organe. Nous avons d'ailleurs conservé ce lien en français moderne, l'*irritation* étant à la fois « colère » et « démangeaison ».

Enfin, il faudrait s'attarder quelque peu sur le mot *cholère*, apparu au XIIIe siècle avec le sens de « bile », « maladie provenant de la bile » (conformément au sens du latin *cholera*, « bile »), mais qui acquiert, au tournant des XVe et XVIe siècles, un sens nouveau, « colère », en raison de la théorie selon laquelle l'irritation serait due, précisément, à un excès de bile. Au XVIIe siècle cependant, *cholère* perd son *h*, et, par la même occasion, toute relation avec la théorie des humeurs. La concurrence est alors d'autant plus forte avec *ire*, qui disparaît du langage courant à l'époque classique, mais aussi avec *courroux*, qui se restreint au langage de la tragédie. *Colère* donne même lieu au verbe *se colérer*, qui concurrence *se courroucer*, mais, étrangement, c'est le second qui s'impose, tandis que le premier s'efface à la fin du XVIIe siècle.

Drap

Étymologie

Drap est issu du latin tardif **drappus* (= « morceau d'étoffe »), mais l'origine du mot est sans doute gauloise.

Ancien français

Le mot apparaît au XIe siècle, avec plusieurs sens possibles :

1. Sens général : « étoffe » :

> Une grant quantité de sarrazins qui menoient grant foison de *dras* d'or et de soie. (*Vie de saint Louis*, § 527)
>
> Le soudanc de la Chamelle [...] auquel il firent si grant honneur en Acre que il li estendoient les *dras* d'or et de soie par ou il devoit aler. (*Vie de saint Louis*, § 529)

2. Par métonymie (mais seulement au pluriel) : « habits », « vêtements en étoffe » :

> Amis, ces *dras* que ci veez
> vestiroiz, se vos me creez. (*Perceval*, v. 1603-1604)

NB : à partir de ce sens, on crée l'expression imagée *estre des dras de quelqu'un* : « être au service de quelqu'un de puissant ».

3. Par spécialisation du sens, à partir du XIIe siècle, « draps de lit » :

> Biax *dras* et covertor mout chier
> Et orellier au chief li mestent
> Cil qui del couchier s'antremestent. (*Perceval*, v. 1930-1932)

Paradigme morphologique

• *Draperie* (XIIe siècle) : « tissu ou vêtement en drap », puis « métier, commerce de drapier », et, à partir du XVIIe siècle, « étoffe, vêtement ample avec de grands plis ».

• *Draper* (XIIIe siècle) : « fabriquer le drap », puis, à partir du XVIe siècle, « vêtir » (sens propre ou figuré) ; enfin, à partir du XIXe siècle, *se draper* : « se mettre en valeur d'une façon théâtrale », d'où l'expression *se draper dans sa dignité offensée*, encore en vigueur actuellement.

• *Drapier* (XIIIe siècle) : « fabricant de drap ».

• *Drapeau* (réfection du mot *drapel* au XIIe siècle à partir du pluriel *drapiaus*) : le suffixe en [*-el*] marque qu'il s'agit d'un « petit drap », autrement dit, d'un « morceau de drap », ou d'un « chiffon », avant que le mot ne prenne, dès le Moyen Âge, le sens de « vêtement ». Au pluriel, *drapiaus* peut aussi signifier « langes », sens qu'il conservera jusqu'au XVIIIe siècle. Quant au sens moderne, il se développe à partir du XVIe siècle sous l'influence de l'italien *drappello*, qui signifie « étendard », « bannière » ; *drapeau* remplace alors peu à peu le terme *enseigne*, qu'il élimine finalement.

Évolution

Le sens de « vêtement » a disparu mais on a conservé celui de « tissu », « étoffe » (malgré une spécialisation, puisque le *drap* désigne aujourd'hui uniquement un tissu de laine).

Le sens de « langes » a lui aussi disparu après le XVIIIe siècle, mais celui de « drap de lit » subsiste, avec, au XXe siècle, l'apparition du *drap-housse*.

Enfin, à titre plus anecdotique, notez l'apparition au XVIe siècle de l'expression *estre couché en blancs draps*, qui devient au XVIIe siècle *mettre quelqu'un en beaux draps blancs* (« le prendre pour cible », « médire de lui »), et serait à l'origine de l'expression familière *être dans de beaux draps* (XIXe siècle).

Annexe – Quelques étoffes, fourrures et tissus médiévaux

• ***Bougran*** : tissu oriental ; le terme désigne d'abord une étoffe fine et précieuse puis une toile plus grossière.

• ***Camelin*** : lainage beige en poils de chameau puis en poils de chèvre.

• ***Cendal*** : taffetas de soie souple.

• ***Écarlate*** : drap de qualité supérieure, pas forcément rouge.

• ***Gris*** : fourrure unie (dos d'écureuil).

• ***Pers*** : drap de laine grossier.

• ***Samit*** : drap de soie.

• ***Tiretaine*** : drap léger de laine.

• ***Vair*** : fourrure en damiers gris (dos de l'écureuil) et blanc (ventre de l'écureuil).

• ***Vert*** : drap de couleur verte.

Dru et *druerie*

Étymologie

L'adjectif *dru* est issu du gaulois **druto* signifiant « fort », « vigoureux ».

Ancien français

1. Le mot apparaît dès la *Chanson de Roland* (fin XIe siècle) avec le sens de « vigoureux », « gras », qu'il s'agisse d'animaux (de chevaux en particulier), de cités, de royaumes ou, surtout, de végétation :

> Tut abat mort el pré sur l'erbe *drue.* (*Chanson de Roland*, v. 1334)

> Puis a devant ax estandue
> la toaille sor l'erbe *drue.* (*Erec et Enide*, v. 3165-3166)

2. A partir de ce premier sens, conformément sans doute à l'idée que l'on se fait d'un amant « vif » et « vigoureux », le terme entre dans le vocabulaire amoureux pour qualifier puis désigner l'« ami de cœur », l'« amant ». Ce sens est rare chez Chrétien de Troyes mais omniprésent dans les *Lais* de Marie de France :

> Si bele dame tant mar fust
> S'ele n'amast e *dru* n'eüst ! (*Équitan*, v. 79-80)

Il peut aussi s'employer au féminin :

> M'amur e mun cors vus otrei :
> Vostre *drue* fetes de mei ! (*Bisclavret*, v. 115-116)

NB : au masculin, *dru* désigne parfois l'« ami de confiance », le « confident ».

3. On forme sur ce substantif des expressions telles que *tenir qqn a son dru / sa drue* : « considérer qqn comme son amant / sa maîtresse », mais aussi, et surtout, un nouveau substantif, par adjonction d'un suffixe en *-ie* : *druerie*. Celui-ci signifie « rapports amoureux », en concurrence avec *deduit* et *delit*, « tendresse » (hors du cadre conjugal), et permet de forger les expressions *faire* ou *mener sa druerie* (« prendre du plaisir amoureux »), *doner sa druerie* (« accorder son amour, sa tendresse »), et *requere de druerie*, qui signifie suivant le contexte « tenter de séduire une femme » ou « solliciter son amour » :

Jo vus requeor de *druërie,*
Bele, ne m'escundites mie ! (*Guigemar*, v. 505-506)

Enfin, de façon plus concrète, *druerie* signifie également « cadeau », « gage d'amour » :

Tuit la tenoient pur amie,
Tuit portouent sa *druërie,*
Anel u mance u gumfanun. (*Chaitivel*, v. 67-69)

Paradigmes

Dans le paradigme **morphologique**, nous nous contenterons de signaler l'existence de l'adverbe *druement*, apparu au XIIIe siècle, que l'on emploie notamment dans les locutions *vivre druement* (« vivre à son aise ») et *abatre druement* (« faire tomber en grand nombre » lors d'une bataille).

Concernant le paradigme **sémantique**, nous citerons le substantif *ami(e)*, qui désigne l'« ami(e) de cœur », ainsi que les adjectifs *espesse*, qui qualifie une forêt « dense », *grasse* (en parlant d'une végétation vigoureuse et abondante), et *plaine* ou *garnie*, qui qualifient une ville ou un château prospères.

Évolution

Le substantif *druerie* s'éteint au XVIe siècle tandis que *dru* demeure très vivant jusqu'au XVIIe siècle. Après cette date en revanche, il décline, même s'il demeure aujourd'hui employé comme adjectif (sens : « épais, serré, touffu ») ou adverbe (sens : « en grande quantité »).

Engin

Étymologie

Engin est issu du substantif latin *ingenium, ii*, qui signifie « dispositions naturelles », « intelligence », « talent », « créativité ». On retrouve dans ce substantif la racine [*gen*], présente aussi dans le verbe *gignere* (« engendrer », « enfanter »).

En bas latin, le terme, abstrait au départ, prend des valeurs plus concrètes ; ainsi, l'*engin* peut référer aux « produits conçus par l'intelligence », et désigner notamment une « machine ».

Ancien français

Le Moyen Âge conserve pour *engin* les acceptions abstraite et concrète que le mot avait en latin :

1. Sens abstrait : « intelligence », puis, par spécialisation : « ruse », « artifice », « subterfuge ». En particulier, quand le mot est pris en mauvaise part, il se rapproche du sens de « perfidie », « tromperie » (l'auteur précise d'ailleurs parfois qu'il s'agit de *mal engin*). Le meilleur représentant médiéval de cet *engin* est bien sûr le goupil Renart, qui déclare dans le *Roman de Renart* :

> Mais je sai tant de mal et d'art et d'*angin* plus que tu ne faz.
> (v. 10 470)

NB : dans les contrats commerciaux, on note également la présence récurrente de la formule suivante « sans dol ni fraude ni mal *engin* ».

2. Sens concret : « Machine », « ustensile », « dispositif », et notamment « piège pour capturer le gibier », « machine de guerre »...

> Quant nous venimes la, le roy fist faire .XVIII. *engins*, dont Jocelin de Cornaut estoit mestre *engigneur*. Nos *engins* getoient au leur et les leurs aus nostres, mes onques n'oÿ dire que les nostres feissent biau cop.
> (Joinville, *Vie de saint Louis*, § 193).

Paradigme morphologique

• *Engigneur* (subst.) : « concepteur », « inventeur », mais aussi « trompeur », « traître » (suivant les deux sens possibles du substantif *engin*).

• *Engignos* (adj.) : « intelligent », « adroit », mais aussi « trompeur », « perfide », quand le terme ainsi qualifié est un animé, et « ingénieusement fait » dans le cas contraire.

• *Engigner* (du bas latin **ingeniare*, lui-même formé sur *ingenium*) : « obtenir par la ruse » (quand le COD est inanimé), « tromper », « duper » (quand le COD est animé).

NB : au sens de « tromper », *engigner* est synonyme de *dechoivre*, *guiler*, *enganer* ; dans les textes, il est souvent associé aux traîtres et aux félons, tel Ganelon, dans la *Chanson de Roland*, qui a *engeigniez* ses compagnons.

• Sous toutes réserves, vous pouvez évoquer ici les substantifs *engan* et *engagnerie*, qui signifient « tromperie », et le verbe *enganer*, « tromper ». Certains philologues les rattachent en effet à *ingenium*, mais l'étymon pourrait bien être francique.

Paradigme sémantique

• « Intelligence » : *sens*, *entendement*.

• « Ruse », « adresse » : *art*.

• « Tromperie » : *tricherie*, *barat*, *guile*, *decevance*, et même *renardie*, terme dont l'existence prouve à lui seul le caractère emblématique de Renart en ce domaine !

Évolution

En moyen français, *engin* conserve les sens de l'ancien français :

1. « Intelligence », « adresse ».

2. « Ruse », « tromperie ».

3. « Machine », « instrument ».

Ensuite, au XVIe siècle, *engin* est progressivement remplacé par *adresse*, *talent*, *ingéniosité* dans sa première acception. A partir du XVIIe siècle, il se spécialise même au sens d'« instrument conçu par l'intelligence humaine » et désigne en particulier un « piège » ; aujourd'hui, ses sens se sont largement développés, et *engin* peut désigner n'importe quel type d'instruments (*engin* de guerre, *engin* spatial, etc.)

Le verbe *engigner*, lui, s'emploie presque exclusivement au sens de « tromper » à la fin du Moyen Âge, puis est remplacé au XVIe siècle par le verbe savant *s'ingénier à*, forgé directement sur *ingenium*, dénué de toute nuance péjorative. En outre, la relatinisation de la langue, au tournant du XVe siècle, et la nécessité de forger des mots où le sème de tromperie associé à *engin* n'apparaisse plus ont entraîné la réfection d'*ingénieux* et *ingénieur*, qui ont supplanté *engignos* et *engigneur*.

Enseigne et enseignier

Étymologie

Enseigne est issu du latin classique *insignia*, pluriel neutre de l'adjectif *insignis, e* (« remarquable, singulier, distingué par une marque particulière »), pris à basse époque pour un nom féminin singulier avec le sens de « marque, signe distinctif ».

Quant au verbe *enseignier*, il vient du latin vulgaire **insignare*, lui-même issu du latin classique *insignire* (« indiquer, désigner »).

Ancien français

1. *Enseigne* apparaît en ancien français à la fin du Xe siècle sous la forme *ensenna*. Il possède dès lors le sens très général de « signe, marque, indice » ; par la suite, au XIIe siècle, le terme désigne aussi, par spécialisation, la « preuve matérielle », puis la « preuve » :

> Bien le me moustre ceste *enseigne*
> Qui me tesmoigne a gentil fame. (*Galeran de Bretagne*, v. 3974-3975)

Au siècle suivant, le mot acquiert une nouvelle acception, celle de *signum* en latin : « symbole de commandement », « signe de ralliement ». De ce deuxième sens dérive celui de « cri de ralliement » (voir l'exemple ci-dessous), puis, par extension, « banderole », et enfin, par métonymie, « lance supportant cette banderole » :

> Atant se desrenge la quarte bataille le roi Artu ; si poïssiez oïr crier en lor venir *enseignes* de diverse gent, et poïssiez veoir chevaliers verser a terre... (*La Mort Artu*, § 185, 32)

NB : ponctuellement, *enseigne* peut aussi signifier « monnaie », « médaille », « statue »...

2. Le verbe *enseignier* apparaît au XIe siècle, dans des constructions toutes transitives, avec les sens suivants :

– « montrer », « marquer », « indiquer » :

> Il n'encontra rien terrïene,
> ne crestïen ne crestïene
> qui li seüst voie *anseignier*. (*Perceval*, v. 2971-2973)

– par extension, « enseigner », « instruire », « prouver » :

Sire, ma mere m'*anseigna*
que vers les prodomes alasse
et que a aus me conseillasse. (*Perceval*, v. 1398-1400)

Paradigme morphologique

Retenez essentiellement le composé *ranseigner* (XIIe siècle), qui possède dès le Moyen Âge le sens moderne, et le substantif masculin *anseignement*, apparu à la fin du XIIe siècle avec les sens suivants : « renseignement », « avis », « conseil », « charte », « acte », « titre ».

Paradigme sémantique

Au sens de « banderole », *enseigne* a pour concurrents *baniere*, substantif féminin issu de *ban*, dont le sens étymologique est « drapeau sous lequel le seigneur rassemble ses vassaux à la guerre », *gonfanon* (du germanique *gund, « combat », et *fanon, « drapeau »), qui désigne, comme son étymologie l'indique, un « drapeau utilisé lors des combats », et *estandart*, du germanique *stand* : « être là » et *hard* : « fermement », qui réfère plus spécifiquement au « drapeau par lequel une armée marque sa position ».

Quant à *enseigner*, il a pour principal synonyme le verbe *moustrer* (« montrer, indiquer ») ; le verbe *indiquer* n'apparaît en revanche qu'au XVIe siècle.

Évolution

Enseigne conserve le sens de « preuve » jusqu'au XVIIIe siècle, et celui de « marque, indice », jusqu'au XIXe siècle. A la fin du XVe siècle apparaît en outre l'expression *a telle enseigne que* (« la preuve en est que »), conservée aujourd'hui, tandis que le substantif acquiert le sens moderne de « marque distinctive signalant une boutique, un magasin ». Enfin, *enseigne* demeure dans le vocabulaire militaire aux sens de « signe de ralliement » et « enseigne de vaisseau ».

Le verbe *enseigner* conserve une construction transitive directe (la personne qui reçoit l'enseignement étant COD) jusqu'au XIXe siècle, avant que n'apparaisse la construction transitive indirecte : *enseigner à quelqu'un*. La construction absolue (sens : « transmettre des connaissances à un élève ») apparaît quant à elle au XVIIe siècle. Sur le plan sémantique enfin, *enseigner* a perdu le sens de « montrer », « indiquer », assumé aujourd'hui par son composé *renseigner*.

Entendre (oïr, escolter)

Étymologie

Escolter est issu du latin tardif *ascultare* (latin classique *auscultare*), qui signifie « écouter avec attention », « écouter favorablement », d'où, « obéir ».

Oïr est issu d'un autre verbe latin, *audire*, qui signifie « écouter », mais aussi « percevoir par l'oreille », que cela soit ou non volontaire.

Enfin, *entendre* vient d'un troisième verbe latin, *intendere*, qui implique toujours une participation active du sujet, puisqu'il a pour sens premier « tendre son attention vers ». En latin vulgaire, il acquiert en outre le sens de « comprendre », « élucider par la pensée ».

Ancien français

1. Au XIe siècle, les premières attestations du verbe *entendre* montrent que celui-ci, contrairement à son étymon latin, possède les mêmes sens que *oïr* et *escolter*, apparus respectivement en français aux IXe et Xe siècles. Les trois verbes sont donc en concurrence et signifient « percevoir par l'ouïe » :

> Fesoient tel noise au point du jour et a l'anuitier que ceulz
> qui estoient delez eulz ne pooient *entendre* l'un l'autre.
> (*Vie de saint Louis*, § 283)

Néanmoins, le substantif *entente* et l'adjectif *ententif*, qui se rattachent tous deux à la famille latine du verbe *intendere*, ont conservé le sens de leur étymon latin ; ainsi, la locution *mettre s'entente a* se traduit habituellement par « consacrer ses efforts à », *ententif* signifie « attentif », « qui s'applique », et *entente* signifie « intention », « désir » :

> Ceo fu *s'entente* et sun espeir :
> el le quidot del tut aveir
> e retenir s'ele peüst. (*Eliduc*, v. 581-583)

Cela explique sans doute pourquoi, au XIIe siècle, *entendre* récupère le sens de son étymon, notamment lorsqu'il est suivi des prépositions *a* ou *envers* :

- *entendre a* ou *envers* + COI animé : « prêter attention à », « écouter avec attention » ;
- *entendre a* + COI inanimé ou infinitif : « se consacrer à » :

> Sire, fet il, *entent* a mei. (*Bisclavret*, v. 240)
>
> A la nef deschargier *antandent*. (*Perceval*, v. 2556)

NB : *s'entendre a* existe aussi en ancien français ; le pronom réfléchi, comme c'est très souvent le cas à cette époque, marque alors la participation plus intense du sujet à l'action. Il faut donc traduire le verbe par « être expert en qqch ».

2. Par extension, *entendre* prend le sens d'« envisager », d'où la fréquence de l'expression *si com je l'entends* : « ainsi que je le pense », « selon moi », « à mon avis » :

> Autre cunseil vus estuet prendre
> Kar cest ne voil jeo pas *entendre*. (*Deux amants*, v. 101-102)
>
> Si saigna sa bouche et nous dit ainsi, aprés ce que il ot appelé l'aide du Saint Esprit, *si comme je l'entent*.
> (*Vie de saint Louis*, § 435)

3. Enfin, à la suite peut-être d'une redécouverte de la signification acquise par *intendere* en bas latin, *entendre* acquiert au XIIIe siècle le sens de « comprendre », « percevoir par l'esprit », qui se développera en moyen français. Il apparaît notamment dans des tournures du type *faire qqn entendant* : « laisser entendre à qqn », et *c'est a entendre* : « c'est-à-dire ».

> Et ces choses vous ramentoif je pour vous *fere entendant* aucunes choses qui affierent a ma matiere.
> (*Vie de saint Louis*, § 187)

Évolution

• *Écouter* conserve aujourd'hui le sens de son étymon latin ; il faut simplement signaler, au XVIIe siècle, la possibilité nouvelle de l'employer de façon figurée : *écouter son cœur*.

• *Oïr* devient *ouïr* par fermeture du *o* initial au XIIe siècle. Difficile à conjuguer, trop court peut-être, souffrant assurément de la concurrence d'*écouter* et d'*entendre*, il décline très vite et disparaît presque complètement après l'époque classique ; nous ne le conservons aujourd'hui que dans l'expression *par ouï-dire* (qui est en fait la réduction de *par ouïr-dire*), dans l'adjectif *inouï*, dont le sens premier est : « qui n'a jamais été entendu », et dans la langue juridique, toujours très conservatrice.

• Enfin, le verbe *entendre* est de plus en plus fréquemment utilisé au sens de « comprendre » après la période médiévale, c'est-à-dire au moment de la relatinisation de la langue française. A l'époque classique, les sens de « percevoir par l'ouïe » et « comprendre » sont même représentés à égalité. En revanche, l'acception « consacrer ses efforts à » devient rare au XVIIe siècle, et disparaît au siècle suivant. Aujourd'hui, *entendre* signifie toujours « percevoir par l'ouïe » ; mais la concurrence de *comprendre* a rendu archaïque le sens de « percevoir par l'intelligence ». Cette ancienne acception ne se perçoit plus que dans des expressions du type :

– *il entend bien obtenir ce poste* ;
– *s'entendre bien avec quelqu'un* ;
– *un regard entendu, c'est entendu, comme de bien entendu.*

D'autre part, nous avons conservé *entendement* et *entendeur*, apparus tous deux au XIIe siècle, ainsi que *malentendu*, plus tardif (XVIe siècle).

Errer

Étymon

Il existe en ancien français deux verbes *errer* :

– le premier est issu du latin médiéval *iterare* (« voyager »), réfection du bas latin *itinerari*, lui-même formé sur le radical de *iter, itineris* (« voyage », « route » en latin classique);
– le second est issu du latin *errare*, signifiant « aller çà et là, errer, faire fausse route », et, par passage au sens abstrait, « se tromper ».

NB : l'homonymie de ces deux verbes, ainsi que la proximité sémantique de leurs étymons, qui contenaient tous deux le sème de voyage, a bien évidemment favorisé une contamination de l'un par l'autre, particulièrement visible dans leurs évolutions respectives après la période médiévale.

Ancien français

1. *Errer* n°1 apparaît d'abord sous la forme *edrer* au Xe siècle, avec les sens concrets de « voyager, aller de l'avant » (exemple 1), et les sens abstraits de « agir », « se conduire » (exemple 2). C'est donc un verbe d'usage courant en ancien français et de sens neutre :

> Vers le Gaste Cité en vont,
> Dusques as vespres *erré* ont. (*Le Bel Inconnu*, v. 2491-2492)

> Et puis qu'a mon conseill ne voulez *errer*, ge vos lerai del tout et vos et vostre compaignie. (*La Mort Artu*, § 41, 36)

Son participe présent est extrêmement fréquent dans les textes médiévaux, employé comme adverbe ou adjectif :

- *errant* adverbe signifie « rapidement », « immédiatement », « tout de suite » ; il a le même sens que l'adverbe *errantment*, forgé par adjonction du suffixe *-ment* :

> Qu'il vienne a moy parler *errant* ! (*Galeran de Bretagne*, v. 315)

> Li uns a l'autre congié prent
> Es cevals montent *errament*. (*Le Bel Inconnu*, v. 1489-1490)

NB : associé à la conjonction *que*, *errantment* permet de forger une locution conjonctive signifiant « aussitôt que ».

- *errant* adjectif signifie « qui voyage sans cesse ». Il est utilisé en particulier dans les expressions *chevalier errant*, qui désigne un « chevalier qui parcourt le monde pour accomplir des exploits », et *Juif errant*, personnage légendaire qui aurait été condamné à marcher sans cesse jusqu'à la fin du monde pour avoir outragé le Christ en croix.

2. *Errer* n°2 est rare avant le XVIe siècle ; en ancien français, il garde simplement les sens qu'il possédait en latin, c'est-à-dire le sens physique (« errer », « marcher à l'aventure »), et le sens intellectuel (« faire fausse route », « se tromper », voire « divaguer ») :

> ... Il *erre* ;
> Il cuide a son propos venir,
> Et il n'y scet plus advenir. (*Farce de Maistre Pierre Pathelin*, v. 1267-9)

Paradigme morphologique

• *Errance*, substantif féminin (XIe siècle) : « voyage, chemin ».

• *Erre* ou *oirre*, substantif féminin (XIIe siècle), déverbal de *errer* n°1 : « voyage, chemin, route », mais aussi « manière d'aller ou de marcher ». Retenez l'expression très fréquente *a grant erre*, ou *a bel erre* (plus rare), qui signifie « à toute allure », « rapidement ».

• *Errements*, substantif masculin pluriel (XIIe siècle), autre déverbal de *errer* n°1 : « manière d'agir ».

• *Erreur* (Xe siècle), issu du latin *error*, *erroris*, « erreur, illusion » : en ancien français, le mot désigne à la fois le « voyage » (suivant le sens de *errer* n°1) et la « méprise », la « faute » (*errer* n°2). En outre, il apparaît dans le vocabulaire chrétien avec un sens proche de celui d'« hérésie ».

Évolution

Après le Moyen Âge, *errer* n°1 décline au profit du second et, aujourd'hui, *errer* ne signifie plus que « aller de côté et d'autre, sans direction précise » (*errer comme une âme en peine*), tandis que l'emploi figuré (« se tromper ») est littéraire.

C'est pourquoi le sémantisme de *errer* n°2, lié à la méprise et à la faute, a rejailli sur presque tous les termes du paradigme après la période médiévale :

– *Errant* ne se conserve que dans quelques expressions : *chevalier errant*, *Juif errant*, *chien errant*, et *étoiles errantes* (par opposition aux étoiles fixes).
– *Errance*, qui désignait tout d'abord le « voyage », signifie à la fin du Moyen Âge « déplacement au hasard » puis, au pluriel, à partir du XIXe siècle, « hésitations ».
– *Erreur* s'est spécialisé au sens de « méprise, faute » après l'époque classique.
– *Errements*, utilisé seulement au pluriel, signifie toujours, au sens propre, « manière d'agir, comportement » mais a acquis une valeur péjorative sous l'influence de *errer* n°2 et de *erreur* ; depuis le XVIIe siècle, il désigne une « manière d'agir blâmable ».
– *Erre* : le mot subsiste seulement dans des emplois spécialisés, soit comme terme de marine : « vitesse restante d'un navire », soit, depuis le XVIe siècle, comme terme de vénerie : « traces d'un animal ».

Esmaier

Étymologie

Le verbe *esmaier* vient sans doute du latin vulgaire **ex-magare* (sens approximatif : « priver de sa force ») ; ce dernier verbe est lui-même issu du germanique **magan* (« pouvoir »), précédé du préverbe [*ex-*] de sens privatif.

Ancien français

En ancien français, le verbe *esmaier* signifie « inquiéter », « effrayer », « inspirer de la crainte », et s'emploie alors avec un complément introduit directement :

> D'ire respondre ne vos poi,
> Que li pires anemis que j'aie,
> Qui plus me het et plus m'*esmaie*,
> m'a ci ma terre contredite. (*Perceval*, v. 942-945)
>
> Avoi, reïne debonere !
> Or m'avez vos mout *esmaié*. (*Ibid.*, v. 8081-8082)

Le verbe est souvent employé dans les textes à la forme pronominale, avec le sens de « s'inquiéter », « craindre ». Il peut alors se construire de façon absolue (exemple 1), mais aussi avec un complément introduit par la préposition *de* (exemple 2) :

> Ne *t'esmaier*, oncles, dist Guïelin,
> En cest palés n'estes pas sanz amis. (*La Prise d'Orange*, v. 1613-1614)
>
> Il n'orent cierges ne chandoiles ardanz,
> L'un avant l'autre, l'ocurté i fut granz.
> De cele chose *s'esmaia* mout Bertran. (*Ibid.*, v. 1783-1785)

Enfin, notez l'usage fréquent du verbe au participe passé au sens d'« effrayé » :

> Et Guïelin ne fust pas *esmaié* ;
> Il tint l'espee, s'a l'escu embracié. (*Ibid.*, v. 1010-1011)

NB : le verbe, en ancien français, évoque parfois un trouble profond plutôt que la crainte :

Or fu Guillelmes por Orange *esmaiez* ;
Ses niés Bertra l'en prist a chastoier. (*Ibid.*, v. 361-362)

Paradigme morphologique

Le seul terme intéressant à signaler dans ce paradigme est le substantif *esmai* (XIIe siècle), déverbal de *esmaier* et synonyme de *esfroi* ; comme *esmaier*, il peut à la fois référer à la crainte et au trouble.

Paradigme sémantique

Esmaier, lorsqu'il est utilisé à la voix active, a peu de concurrents en ancien français ; en effet, le verbe *effreer* (ou *esfreer)* existe (du latin populaire **exfridare* : mot-à-mot « sortir de la paix », forgé sur le substantif francique **fridu* : « paix », précédé de *ex* privatif), mais on le trouve assez rarement à la voix active dans les textes ; à la voix pronominale en revanche, *sei esfreer* est plus fréquent :

De pour fu tute vermeille.
De l'aventure *s'esfrea.* (*Bisclavret*, v. 98-99)

A la voix passive, *estre esmaiez* a pour synonymes les locutions verbales *estre en esfroi*, et *avoir paor*, les tournures passives *estre esperdu* et *estre esfreez*, ou encore les verbes *criembre* et *doter* / *redoter* (voir la fiche correspondante) :

Nos devrïens estre en esfroi
Et esmaié et esperdu
Quant nos avons celui perdu
Qui por Deu toz nos revestoit. (*Perceval*, v. 8932-35)

NB : pour être tout à fait précis, signalons néanmoins que *esperdu* signifie plutôt « troublé » que « effrayé » ; en outre, d'un point de vue grammatical, notez que *criembre* en ancien français est souvent construit avec une complétive, ce qui n'est pas le cas des tournures *estre en esfroi, estre esperdu*, ou *estre esmaié* :

Si *crient* que s'il li demandast
Qu'an li tornast a vilenie. (*Perceval*, v. 3198-99)
Se *criem* que il n'i ait domage. (*Ibid.*, v. 3236)

Évolution

Le rapprochement phonétique entre le substantif *esmoi* et le verbe *esmovoir* (issu du latin classique *emovere* refait en *exmovere* par la suite), qui, dès l'ancien français, avait perdu le sens étymologique concret de « remuer », « ébranler », pour prendre celui, abstrait, de « troubler », a deux conséquences :

- l'évolution sémantique du substantif *esmoi*, qui, à partir du XIXe siècle, signifie uniquement « trouble », « émotion agréable » ;
- le remplacement du verbe *esmaier* par le verbe *esmovoir* puis *émouvoir* au sens de « troubler » (les deux étaient de toutes façons devenus quasiment synonymes à la fin du Moyen Âge), le sème de frayeur étant récupéré par les verbes *effrayer*, *craindre* et la locution verbale *avoir peur*.

Estovoir

Étymologie

Estovoir est issu d'une expression latine qui n'a pas été comprise en Gaule ; l'intérêt de la fiche réside donc en grande partie dans cette rubique étymologique.

Selon Tobler (explication couramment admise), la troisième personne du singulier *estuet* remonte au latin *opus est*, expression impersonnelle très usuelle signifiant « besoin est », « il faut » (sens étymologique précis : « il y a travail », d'où « il y a besoin »). Cette tournure se construisait soit avec le génitif ou l'ablatif (*opus est libro / libri*), soit avec l'infinitif (*opus est laborare*).

Apparemment, le français a adopté l'expression sous la forme *est opus*, qui est devenue **est ues* (le mot *ues* au sens de « besoin », « service », est d'ailleurs attesté), locution dont on aurait ensuite fait un seul verbe : **estues*. Comme ce verbe avait le sens d'un impersonnel, on lui aurait affecté la désinence de la troisième personne : *estuet*. Enfin, à partir de cette troisième personne du présent de l'indicatif, on aurait créé une conjugaison sur le modèle du verbe *mouvoir*, d'où le radical variable : *estuet* (ind. présent) / *estovoir* (infinitif).

Ancien français

L'expression garde le sens de *opus est* en latin, c'est-à-dire « il faut ». Généralement, le verbe est construit avec un infinitif et le cas régime de celui qui représente le sujet :

> Dreit a Tarson espeiret arriver,
> Mais ne puet estre ; aillours *l'estuet* aler.
> (*Vie de saint Alexis*, v. 193-194)
>
> A moi vos *estuet* ains joster. (*Bel Inconnu*, v. 2605)

Néanmoins, on trouve aussi dans les textes la construction avec une complétive au subjonctif introduite par *que* :

> [...] *Estuet* qu'il remaingne a repos. (*Perceval*, v. 2486)

Estovoir peut aussi être utilisé comme infinitif substantivé, au sens de « ce qu'il faut », tandis que l'expression *par estovoir*, très fréquente en ancien français, signifie « par nécessité » :

> Grant tere i met e grant aveir :
> Bien i avrat sun *estuveir*. (*Éliduc*, v. 1139-1140)
>
> Car par force et *par estouvoir*,
> Amerez autre, bien le sai. (*Galeran de Bretagne*, v. 2206-2207)

Paradigme sémantique

Estuet peut être rapproché d'autres verbes et tournures impersonnels fréquents en ancien français : *covenir*, *falloir*, *estre ues*, *estre besoing*, *estre mestier*. Notez cependant que *estuet*, tout comme *faut* et *est ues*, ne suppose qu'un actant : celui qui représente le besoin (l'objet), alors qu'une expression comme *avoir mestier* par exemple, suppose deux actants : celui qui éprouve le besoin (le sujet), et celui qui le représente (l'objet).

D'autre part, il existe des nuances sémantiques entre ces différents verbes ; ainsi, *estuet* ne contient que les sèmes de « nécessité » et de « besoin », alors que *faut* contient ceux d'« absence » et de « manque », *mestier*, celui de « service » et *besoing*, celui de « difficulté ».

Évolution

Estovoir et *estre ues* disparaissent à la fin du Moyen Âge ; quant à *estre besoing* et *estre mestier*, ils subsistent un peu plus longtemps mais disparaissent à leur tour au XVIIe siècle. Tous sont en fait éliminés par *falloir*, dont l'infinitif est créé en moyen français et qui se développe après le Moyen Âge.

Fel, felon

Étymologie

Felon est issu du francique **fillo*, réduction de **filljo*, signifiant « celui qui maltraite », « celui qui fouette les esclaves ». Par la suite, en latin tardif, on observe une latinisation du mot en *fello, onis*, qui explique les formes à alternance de l'ancien français :

– *fello* > *fel*
– *fellonem* (accusatif) > *felon*

NB : il existe une autre hypothèse suivant laquelle *fel* serait issu du substantif latin *fel* signifiant « fiel » pris comme expression de la méchanceté. Bien que cette hypothèse soit sans doute fausse sur le plan morphologique, on peut néanmoins supposer que le latin *fel* a influencé sémantiquement *fel, felon.*

Ancien français

Fel, felon apparaît dès le Xe siècle avec deux sens principaux :

– « méchant », « cruel », « impitoyable » (sens de l'étymon) ;
– « traître », « déloyal ».

Dans la société féodale, l'accusation de « felonie » est particulièrement grave, puisqu'elle implique la rupture de l'engagement pris au moment de prêter hommage. Dans certaines régions, selon l'historien Marc Bloch, la faute qui avait entraîné la « felonie » donnait même lieu à un rite de rupture (*La Société féodale*, p. 321). Cela dit, cette définition explique aussi pourquoi le *felon* n'est pas un *vilain* : pour « mériter » (si l'on peut dire !) une telle injure, il faut renier sa noblesse. C'est pourquoi, dans la chanson de geste, le *felon* par excellence est le personnage de Ganelon, qui trahit son roi, certes, mais demeure courageux et intrépide, à l'image de la classe sociale à laquelle il appartient :

Guenes est *fels* d'iço qu'il le traït ;
Vers vos s'en est parjurez est malmis. (*Chanson de Roland*, v. 3829-30)

NB : dans le domaine religieux, le *felon* est le « parjure », le « renégat », avec le personnage de Judas pour archétype. Le glissement est en effet aisé du « traître » à l'« impie » et au « païen » ; ainsi les Sarrasins sont-ils fréquemment qualifiés de « félons » dans la chanson de geste.

Paradigme morphologique

Notez surtout le substantif *felenie*, qui apparaît au XIe siècle et peut désigner la « méchanceté », la « cruauté » ou la « traîtrise », les formes féminines de l'adjectif : *felone* et *felonesse*, et l'adverbe *felonessement.*

Paradigme sémantique

Souvent utilisé comme terme d'injure, *felon* est alors coordonné à d'autres adjectifs quasiment synonymes tels que *fier* (du latin *ferus* : « farouche »), *orguellos* (« présomptueux »), *traïtre* (« traître »), *tricheors* (« fourbe »), *boisierres* (« trompeur »).

En revanche, il est plus rare de trouver les coordinations *felon et vilain* ou *felon et culvert*, car ces deux termes réfèrent plutôt à des personnages sans noblesse.

Évolution

Seuls subsistent aujourd'hui *félonie*, *félon* et *félonne*, avec des sens proches de ceux de l'ancien français.

Femme (les dénominations de la)

fame, dame, damoisele, pucele, etc.

Première partie : *femme*

Étymologie

Latin *feminam* : « femelle ». Dès l'époque gallo-romaine, ce terme remplace, pour désigner la femme, le latin *mulierem*, qui signifiait en latin classique « femelle adulte de l'homme », mais que l'on n'utilise plus, alors, qu'au sens d'« épouse ».

Ancien français

Feme constitue en ancien français la dénomination la plus neutre de l'être féminin : aucun sème de noblesse ou d'âge n'est inclus dans ce terme ; en revanche, il est possible de l'utiliser seul pour signifier qu'il s'agit d'une personne mariée (il s'agit alors de l'épouse légitime). Autrement dit, *feme* est l'équivalent féminin soit de l'*home*, soit du *mari*.

NB : *moillier*, jusqu'au XIVe siècle, peut aussi désigner l'épouse légitime (ex : *prendre a moillier* : « épouser »), mais il se limite très vite aux formules solennelles et, au XVe siècle, ne survit que dans le jargon notarial. Il donne lieu en ancien français aux dérivés *moillerer*, qui a pour sens « légitimer », et *moilleré* et *moillerois*, qui signifient « enfant légitime ».

Paradigme morphologique

- *Femelle* (XIIe siècle) : (du latin *femella*) « petite femme », et surtout, « femelle de l'animal ».
- *Femmelette* (XIVe siècle) : « femme malingre, chétive ».
- *Effeminer* (XIIe siècle) : « amollir » (du latin *effeminare*).
- *Feminité* (XIIIe siècle) : même sens qu'en français moderne.

Évolution

Femme reste aujourd'hui un terme générique, par opposition à *homme*, pour désigner un être du sexe féminin. En ancien français déjà, mais surtout en moyen français, il est utilisé comme terme d'adresse, usage aujourd'hui disparu. En revanche, utilisé avec un adjectif possessif ou un complément de nom, *femme* peut toujours désigner l'épouse, terme avec lequel il est alors en concurrence.

Deuxième partie : *dame*

Étymologie

Dame vient du latin *dominam* : « épouse du *dominus* », « maîtresse », « suzeraine ».

NB : dès le Ier siècle, on trouve la graphie *domna* dans les textes latins.

Ancien français

Le terme est très fréquent en ancien français, où il est employé pour désigner la « femme noble », l'« épouse du seigneur », mais aussi la femme aimée, dont l'amant apparaît comme le vassal. La *dame* est, plus généralement, celle qui détient un droit de souveraineté, que ce soit sur un territoire, un fief ou sur le cœur d'un homme. Son équivalent masculin est *sire, seigneur*.

NB 1 : *dame* désigne avant tout au Moyen Âge une femme de haute naissance. Cela dit, quand le mot est utilisé en adresse (surtout au pluriel) ou pour désigner une femme mariée, ce trait peut s'estomper voire s'effacer.

NB 2 : *dame* est aussi le terme employé pour s'adresser à la Vierge dans les textes pieux (c'est saint Bernard, au XIIe siècle, qui répand l'appellation *Nostre Dame*).

Dans les textes, la *dame* s'oppose fréquemment à la *pucelle*, qui la sert (dans ce cas, traduisez plutôt *dame* par « maîtresse » et *pucelle* par « servante »), et à la *damoisele*, hiérarchiquement inférieure ou bien célibataire. Quant au composé *Madame*, il est d'abord (XIIe siècle) un terme d'adresse par lequel on marque l'existence d'un lien de dépendance féodale ou amoureuse ; puis, dès le XIIIe siècle, c'est un appellatif de respect, qui ne suppose pas de lien de dépendance direct mais exprime simplement la haute considération portée à une personne de statut supérieur.

Paradigme morphologique

Damer signifie « proclamer dame », puis, à partir du XVIe siècle, quand le verbe devient un terme de jeu, « prendre avantage sur quelqu'un ».

Évolution

Après la période médiévale, l'appellation *dame* s'applique de plus en plus souvent à des femmes de la haute bourgeoisie puis à des femmes du peuple, même si le mot conserve aujourd'hui une nuance de respect (exemple : *une grande dame de la chanson*, *c'est une dame*). A partir du XVIIIe siècle, *dame* désigne la femme mariée (par opposition à la *demoiselle*, célibataire). Enfin, *Madame* se « démocratise » à l'époque classique et demeure aujourd'hui un terme d'adresse extrêmement répandu.

Troisième partie : *damoisele*

Étymologie

Latin tardif **dominicella* contracté en **domnicella*, diminutif du latin classique *domina*.

Ancien français

Le terme apparaît sous cette forme au XIe siècle et contient en ancien français les trois sèmes de jeunesse, de féminité et de noblesse. En revanche, il faut noter qu'une *damoisele* n'est pas forcément célibataire (la qualité de « jeune fille » étant plutôt marquée en ancien français par le dénominatif *pucelle*).

Dans la littérature courtoise, le terme est généralement associé à des adjectifs valorisants tels que *gente, bele,* mais il faut savoir que la *damoisele* est au Moyen Âge une femme de rang moins élevé que la *dame* ; elle appartient normalement à la petite noblesse et peut être par exemple la femme d'un écuyer. Elle est donc au-dessus des bourgeoises et possède un certain pouvoir de commandement, mais elle n'est pas au sommet de la hiérarchie sociale. C'est pourquoi le terme (surtout au pluriel en ce cas) peut désigner des suivantes, tout comme *pucelles*.

NB : comme *madame*, *mademoiselle* est au Moyen Âge un terme d'adresse marquant la sujétion et la dépendance.

Paradigme morphologique

Retenez essentiellement *damoiseau*, issu du latin vulgaire **dominicellus*, diminutif de *dominus*. Ce substantif apparu au XIIe siècle désigne le « jeune noble pas encore armé chevalier », ou le « jeune seigneur ». Dès le XVIIe siècle cependant, le terme sort de l'usage courant et peut être employé de façon ironique.

Plus anecdotique, *mam'zelle*, attesté depuis la fin du XVIIe siècle, se répand surtout au XIXe siècle ; quant à *donzelle*, il provient de l'ancien provençal *donzella*, lui-même issu du diminutif latin **domnicella* ; apparu au XIIe siècle sous la forme *dancele*, il prend un sens péjoratif au XVIIe siècle.

Évolution

En moyen français, *damoisele* est le titre donné à des femmes de haute condition ; autrement dit, le sème de noblesse se renforce à cette époque, au détriment de celui de jeunesse. En revanche, à partir du XVIe siècle, le terme se « démocratise » et peut s'appliquer à des femmes non titrées.

A l'époque classique, la *damoisele*, devenue la *demoiselle*, est parfois la jeune fille mise au service d'une *dame* ou attachée à une souveraine, puis, par analogie, à une femme mariée (cf. *demoiselle d'honneur*). Ensuite, la « démocratisation » se poursuit, et le titre de *demoiselle* peut être attribué à des femmes mariées de la bourgeoisie. Enfin, à la fin du XVIIIe siècle, le sens moderne de « femme non mariée » apparaît, mais il est d'abord réservé à des femmes d'un certain rang social.

Mademoiselle en un seul mot apparaît au XVIe siècle et perd peu à peu toute référence à la noblesse (l'évolution est achevée à la fin du XVIIIe siècle). Aujourd'hui, c'est un simple terme de politesse utilisé pour s'adresser à des femmes non mariées, jeunes le plus souvent.

Quatrième partie : *pucelle*

Étymologie

Pullicellam, attesté au VIe siècle, est peut-être le diminutif de *pulla* (« petit d'un animal »), mais est aussi, très certainement, en relation sémantique avec *puella* (« jeune fille » en latin classique). N'essayez donc pas de résoudre le problème de l'étymon ; montrez simplement que, morphologiquement, l'hypothèse *pulla* est la plus probable, mais que, sémantiquement, *puella* est plus proche de *pucelle*.

Ancien français

Le terme contient les sèmes de féminité, de jeunesse et de célibat. En revanche, contrairement à la *damoisele*, la *pucelle* n'est pas forcément noble. Notez aussi que le sème de virginité n'est qu'occasionnel en ancien français mais qu'il est constant dans les dérivés *pucelage* et *despuceler*.

Au Moyen Âge, quand le mot *pucele* désigne un personnage noble, il est souvent en corrélation avec *dame* ou *damoiselle* et devient alors l'équivalent masculin de *damoiseau*. Cela dit, surtout s'il est précédé d'un possessif, il peut désigner la suivante attachée à une maîtresse. En contexte religieux enfin, *Pucelle* ou *Vierge Pucelle* désigne la Vierge Marie.

Paradigme morphologique

- *Pucelage* : XIIe siècle.
- *Despuceler* : XIIe siècle.
- *Despucelage* : XVIe siècle.

Évolution

En moyen français, *pucelle* au sens de « jeune fille » est remplacé par *fille*, puis *jeune fille*. Dès le XVIe siècle, le terme peut être utilisé de façon ironique ou plaisante. Aujourd'hui, quand ce n'est pas le cas, il renvoie à la notion de virginité.

Cinquième partie : *meschine*, *oissour* et *espouse*

Meschine

Le mot vient de l'italien *meschino*, dont l'étymon arabe **miskin*, signifie « pauvre, petit » (pensez au français moderne *mesquin*, où l'on retrouve le sème de médiocrité). D'après Godefroy, ce terme désigne au Moyen Âge une jeune fille ou une jeune femme de noble extraction. Gougenheim, lui, pense au contraire que le mot désigne une jeune personne de condition inférieure et qu'il est, comme son équivalent masculin *meschin*, utilisé le plus souvent avec commisération ; soyez donc attentif au contexte pour traduire.

Oissour

Le mot est issu du latin classique *uxorem* (« épouse »). Il disparaît dès le XIVe siècle, remplacé par *moillier* ou *feme*, qui, accompagnés d'un possessif, suffisent à exprimer l'idée de « femme mariée ».

Espouse

Ce substantif vient du latin *sponsam*, participe passé féminin singulier de *spondere*, qui signifie « prendre un engagement solennel ». Il signifie en ancien français « fiancée, promise », et apparaît surtout dans la langue religieuse. Cela dit, il peut aussi être employé comme adjectif et accompagner le substantif *feme* pour désigner l'« épouse légitime ».

Féodal et militaire (le vocabulaire)

Première partie : le pouvoir politique et militaire

A. Les titres

1. Sénéchal

L'étymologie du terme est franque, ce qui est habituel concernant le vocabulaire féodal et militaire. *Sénéchal* remonte à un substantif non attesté **siniskalk*, qui signifie « serviteur le plus âgé » (de **sinista* : « l'aîné », et **skalk*, le « serviteur »). Autrement dit le *sénéchal* est originellement le « doyen des serviteurs », attaché au service de bouche.

En ancien français, le terme désigne surtout un grand officier attaché à la cour du roi ou d'un grand seigneur et un officier chargé de l'intendance de la maison du seigneur. Comme le *connétable*, le *chambrier* et le *bouteiller*, le *sénéchal* fait en effet partie de l'entourage du roi (ces quatre personnages sont les quatre grands officiers du roi) ; il appartient donc à l'*ostel le roi,* au sein duquel il est le chef des services domestiques (*i.e.*, le grand maître de la Maison du roi, qui se trouve à la tête de tous les domestiques de la cour). C'est lui aussi qui remplace le roi et commande l'armée en son absence. Il est enfin le chef de la justice et de l'administration des domaines.

NB : par bien des aspects, le *sénéchal* pouvait être assimilé à un « vice-roi » mais son rôle était, justement, tellement important que le roi en prit ombrage : lorsque, en 1191, le *sénéchal* Thibaud de Champagne mourut, Philippe Auguste ne le remplaça pas et l'office disparut. Dans les grandes maisons seigneuriales en revanche, le *sénéchal* demeura un personnage important et garda la haute main sur l'administration domaniale.

2. Connétable

Étymologiquement, le terme vient du latin *comes stabuli* : « celui qui a la charge des écuries ». A l'origine, la fonction du *connétable* est donc subalterne, et largement inférieure en importance à celle du *sénéchal* ; cependant, la hiérarchie s'inverse par la suite, et le *connétable* devient le chef suprême de l'armée, auquel le commandement de l'avant-garde appartient de droit (Du Guesclin est ainsi l'un des plus célèbres connétables de France).

3. Maréchal

Au *connétable* sont subordonnés les *maréchaux*, anciens employés des écuries, qui, à l'origine, ferraient les chevaux (étymon francique : **mahrskalle*, de **mahr*, le « cheval », et **skalle*, le « serviteur », latinisé ensuite en *mariscalcus*, puis *marescalcus*). Au tournant du XIIIe et XIVe siècle, les *maréchaux* sont les chefs militaires auprès du roi ou des grands feudataires. Il y en a généralement deux, dont la fonction semble correspondre à peu près à celle de chef d'état-major général.

4. *Chamberlanc*

Chamberlanc est issu du francique **kamerling* (cf. allemand moderne *kämmerling*), « personne qui s'occupe de la chambre » ; le mot est lui-même formé sur le latin *camera* qui a donné *chambre* en ancien français (voir la fiche correspondante, p. 40).

Les *chambellans* sont des agents subalternes en nombre variable ; ils ont pour fonction de s'occuper de la *chambre* (ainsi que des vêtements, bijoux, etc.) d'un haut personnage (roi ou seigneur) sous l'autorité du *chambrier*.

5. *Commandeur*

Le *commandeur* est « celui qui est investi du commandement, chef, chevalier d'un ordre militaire ou hospitalier, pourvu d'une commanderie » (lexique de Lalande).

NB : pour l'étymologie, se référer à la fiche sur *mander, demander, commander*.

6. *Chievetain*

Comme le *commandeur*, le *chievetain* exerce une fonction de commandement. Contrairement à ce que l'on pourrait croire, le mot n'est pas un dérivé de *chief*, mais possède une étymologie qui lui est propre : *capitaneus*. Cela dit, ce dernier substantif dérive lui-même de *caput, capitis* et désigne « ce qui est capital », « celui qui est en tête ».

A partir du XIIIe siècle, le substantif *capitaine*, calqué sur *capitaneus*, supplante *chievetain* et les autres formes populaires (*chatain* par exemple) ; il subsiste en revanche de l'autre côté de la Manche, puisque les Anglais, plus conservateurs, ont emprunté et gardé ce mot issu de la langue française du Moyen Âge sous la forme *chieftain*.

7. *Amiral*

Ce substantif vient de l'arabe *amîr*, le « chef ». Il apparaît dans la *Chanson de Roland* au sens de « chef des Sarrasins », avant de prendre celui de « chef d'une flotte » à la cour des Normands de Sicile. Chez un auteur comme Joinville, les deux acceptions sont représentées, et il convient d'être prudent lors de la traduction du texte. Ainsi, dans les deux exemples suivants, il faut choisir la traduction « émir » ou « chef » dans le premier cas, et conserver « amiral » dans le second :

1. Le grant *amiral* des galies m'envoia querre et me demanda se je estoie cousin le roy. (*Vie de saint Louis*, § 325)

2. Li *amiraut* que le soudanc avoit osté de son conseil pour mettre les siens que il ot amenez d'estranges terres prisrent conseil entre eulz... (*Ibid.*, § 348)

8. Les autres officiers

• Le *chambrier* : le mot est issu du latin *camerarius*, lui-même formé sur le substantif latin *camera* (voir la fiche sur *chambre* pour plus de précisions étymologiques et linguistiques) : il est le « chef de la chambre du roi ». Son rôle est très important jusqu'à la fin du XIIe siècle, car il a la garde du trésor du roi. Ensuite, son influence décline ; le rôle de trésorier est en effet dévolu aux Templiers.

• Le *bouteiller* (XIIe siècle) : le mot a pour étymon le latin médical *buticularius*, du latin tardif *butticula*, lui-même dérivé de *buttis*, « tonneau ». Il désigne le « préposé aux caves royales », dont le rôle, qui va en s'amenuisant au cours du Moyen Âge, disparaît en 1449.

• Le *chancelier* (XIe siècle) : le mot vient du latin tardif *cancellarius*, lui-même dérivé de *cancelli*, au sens de « qui se tient près de la barrière séparant la cour de justice du public », d'où « huissier », puis « greffier ». Il désigne à partir du IXe siècle le chef de la chancellerie royale carolingienne, qui prend une importance croissante au cours des siècles, récupérant notamment la fonction judiciaire du *sénéchal*. A la tête du gouvernement royal, il supplée le roi en l'absence de celui-ci et préside le Parlement. Cela dit, il peut aussi exercer sa fonction au sein d'une abbaye ou d'une université, voire, à partir du XVIIe siècle, dans un consulat. En tant que chef de la justice, il est à l'origine du poste occupé aujourd'hui par le (la ?) garde des sceaux, et préside notamment le conseil du roi lorsque le roi est absent (à l'heure actuelle, le Conseil d'État, descendant du *conseil le roi*, est d'ailleurs toujours présidé par le garde des sceaux).

B. Les conseillers

1. Baron (voir la fiche correspondante, p. 30)

2. Conseil (voir la fiche correspondante, p. 64).

Précisons simplement que le *conseil* du roi dérive directement de sa cour, l'expression *curia in consilio* désignant « la cour en sa fonction de conseil » (de même que la *curia in parlamento* désigne la « cour en sa fonction de jugement »).

Ce mot appartient lui aussi au vocabulaire féodal ; il désigne un petit groupe d'hommes dont la composition est souple et variable puisqu'elle dépend entièrement des choix effectués par le roi. Son rôle n'est que consultatif mais demeure fondamental pour la monarchie : le *conseil* transmet au souverain les doléances des sujets et leur point de vue sur telle ou telle question cruciale (exemple : la décision de partir ou non outre-mer).

Seconde partie : l'armée et son organisation

A. *Ost* (terme générique)

Le terme *ost* est issu du latin classique *hostis, hostem* (« ennemi »), qui, en latin médiéval, prend le sens de « armée ennemie », puis « armée » en général.

Selon un capitulaire de Charles le Chauve (petit-fils de Charlemagne), le service militaire des vassaux comportait trois obligations :

- le *service d'ost* : limité à 40 jours (il était dû gratuitement au seigneur) ;
- l'*estage* : « garde des châteaux » ;
- la *chevauchée* : « coup de main bref ».

Cependant, à partir du XIIIe siècle, il fallut engager des mercenaires et des routiers pour pallier le nombre insuffisant de soldats, car l'armée féodale entamait une période de déclin.

Au siècle suivant, le terme *ost* (trop bref ?) est remplacé par *armée*, participe passé féminin de *armer*, qui devient alors le plus souvent permanente, avec des compagnies commandées par des capitaines révocables. Très vite, *ost* tombe donc en désuétude, et ne survit plus que comme terme littéraire à partir du XVIe siècle.

B. Les unités combattantes

1. Bataille

Bataille est, avec *compaignie*, l'un des termes les plus fréquents pour désigner les unités de l'armée. Il est issu du bas latin *battualia*, pluriel neutre attesté seulement au sens de « sorte d'escrime », et lui-même dérivé de *battuere* (« battre »). *Bataille* apparaît à la fin du XIe siècle dans la *Chanson de Roland* ; il a dès lors le sens de « bataille » et celui de « formation de combat ».

Chez Joinville, au tout début du XIVe siècle, le terme est surtout employé au sens de « corps de troupe », et semble lié à une organisation stratégique, où figurent à la fois les notions d'ordre et de combat. De telles unités pouvaient compter jusqu'à trois cents hommes, mais étaient parfois plus modestes, comme celle de Joinville dans la seconde partie de la Croisade, qui ne comprenait que soixante chevaliers. D'autre part, signalons que l'armée de Louis IX (saint Louis) était constituée d'environ une dizaine de *batailles*.

2. *Compaignie*
***(pour l'étymon, se reporter à la fiche sur* compagnon, compagnie, p. 58)**

Le terme est ambigu en ancien français puisqu'il peut prendre un sens abstrait (sens moderne), ou désigner une réalité fort concrète : l'unité militaire de base ; le sens du mot est alors proche de celui de *bataille*.

NB : chez Philippe de Commynes, la *compagnie* est une unité militaire commandée par un capitaine ; cependant, comme pour *bataille* encore une fois, le nombre d'hommes qui la composent demeure flou.

Fier, *orguellos* et *sorcuidiez*

Étymologie

En latin, la notion de fierté, d'arrogance et d'orgueil s'exprimait par un mot essentiel : *superbia* (adjectif *superbus*). En ancien français, celui-ci donne lieu au substantif *superbe*, de même sens mais rare jusqu'à la Renaissance, tandis que *superbum* donne lieu à l'adjectif *superbe*, plus fréquent, dont le sens demeure « orgueilleux », « fier ».

Ancien français

Au Moyen Âge, la langue s'enrichit ; elle acquiert notamment l'adjectif *fier*, du latin *ferus* (« farouche »), et le substantif *fierté*, refait sur l'adjectif d'après le latin *feritas, atem*. En latin, *ferus* qualifiait les bêtes sauvages ; c'est pourquoi *fier* s'applique tout d'abord, dans la chanson de geste, aux combattants « acharnés » et « féroces », et se trouve souvent associé à d'autres adjectifs tels que *vaillant*, *fort* et *hardi* :

> Come hardiz et forz et *fiers*
> Les a entaschiéz toz ansamble. (*Perceval*, v. 2442-2443)

Au sens positif, *fier* est donc l'antonyme de *coart* et réfère à l'intrépidité du chevalier ; Roland est notamment « plus *fier* qu'un lion » dit le texte, formule derrière laquelle on devine encore le sens de l'étymon latin. Cependant, *fier* peut aussi être employé de façon péjorative et suggérer la cruauté d'un personnage, de la mort ou du destin, voire d'une bataille. Il faut alors le traduire par « cruel », « impitoyable ».

Orguellos, autre adjectif récurrent au Moyen Âge, est emprunté à la langue germanique. L'adjectif *urgol* signifie en effet « excellent », tandis que son dérivé, le substantif **urgoli*, désigne la « fierté ». Cependant, *orguellos* est le plus souvent péjoratif en ancien français et signifie « présomptueux », « outrecuidant », « suffisant », tout comme le substantif *orguel* désigne la « présomption ». *Orguellos* est ainsi bien souvent coordonné à l'adjectif *sorcuidiez*, uniquement péjoratif, qui qualifie littéralement celui qui « s'imagine au-dessus des autres », conformément au sens du verbe *cuidier* (« s'imaginer ») et du préfixe *sor* (« au-dessus ») :

> Et lors li a cil respondu
> com *orguilleus* et *sorcuidiez* :
> Je vuel qu'ancui me soit vuidiez
> li chastiax... (*Perceval*, v. 2180-2183)

NB : l'adjectif *orguellos* a généralement une acception péjorative et morale ; il peut néanmoins s'appliquer à des animaux (sens : « ardent »), ou prendre une acception laudative (« magnanime »).

Évolution

• *Superbe* est encore fréquent aujourd'hui. Cependant, à l'époque classique, son sens a évolué et le mot est passé dans le domaine esthétique.

• *Fier* demeure lui aussi dynamique après le Moyen Âge ; au XVIIIe siècle notamment, il garde toute sa complexité et peut prendre une tonalité péjorative ou laudative suivant le contexte. En revanche, le sème de brutalité disparaît ; *féroce* et *fier*, auparavant synonymes, se distinguent désormais : *féroce* assume la notion de férocité et de violence, tandis que *fier* conserve un sens purement moral. Ce dernier adjectif acquiert à la même époque un sens atténué : « considérable », toujours sensible aujourd'hui lorsqu'il est antéposé : *une fière chandelle.*

• *Sorcuidiez* a disparu au profit d'*outrecuidant* au moment de la relatinisation de la langue (à la fin du Moyen Âge). Au siècle suivant en revanche, le substantif *vanité* (latin *vanitatem*), qui signifiait au Moyen Âge « apparence vaine et vide », retrouve les sens de « prétention », « suffisance », « frivolité », déjà attestés en latin. Ce sont ces derniers sens qui apparaissent dans l'adjectif, qui signifie à l'époque comme aujourd'hui « prétentieux » et « suffisant ».

Franc

Étymologie

L'adjectif *franc* est issu de l'adjectif latin *francus*. Celui-ci, dès le haut Moyen Âge, renvoie à deux réalités distinctes :

– Une réalité ethnique, car *francus* est la latinisation, au IIIe siècle, du nom du peuple franc, **frank*.

– Une réalité juridique : la liberté ; après l'invasion franque en effet, les *Francs* apparaissant par excellence comme un peuple libre et non assujetti à une autorité étrangère, la valeur ethnique de *francus* diminue : le mot désigne désormais moins une nationalité qu'un statut, celui de l'homme libre, qu'il soit germain ou gallo-romain.

Ancien français

1. *Franc* peut être nom ou adjectif de nationalité ; par exemple, dans la *Chanson de Roland*, l'armée de Charlemagne est désignée comme « l'ost des *Francs* », en concurrence avec l'adjectif et nom *franceis*, formé sur *France*, du latin tardif *Francia*, le « pays des Francs » :

> Ainsi soies tu maudit comme le *Franc* qui s'arme pour poour de mort. (*Vie de saint Louis,* § 251)

2. En tant qu'adjectif, *franc* qualifie celui sur lequel ne pèse aucune servitude sociale. Dès les plus anciens textes (exemple : la *Vie de saint*

Alexis au XIe siècle), le *franc* s'oppose au *serf* (qu'il ne faut pas non plus confondre avec l'*esclave*, dont le statut est différent), d'où la naissance de l'expression *estre franc de*, synonyme en ancien français de *estre quitte de*, et du verbe *franchir*, « affranchir », « libérer », synonyme de *faire franc* :

> ... Quer oüsse un serjant
> Quil me gardast ! Jo l'en *fereie franc*. (*Vie de saint Alexis*, v. 226-227)

NB : dans les textes juridiques, on note en outre la fréquence de la formule *ville franche* pour désigner la ville qui a obtenu sa liberté d'administration et ne dépend plus d'un seigneur (contrairement à la *cité*, toujours dépendante d'un suzerain).

3. Par extension, on passe de l'idée de liberté à celle de noblesse ; en effet, le noble est celui qui, au Moyen Âge, représente par excellence l'homme libre ; c'est pourquoi *franc* peut également signifier « noble », « de haute extraction » et, par une nouvelle extension de sens, « courageux », « vaillant » (qualités traditionnellement attribuées à la noblesse) :

> ... Dex saut et beneïe
> le meillor roi qui soit an vie,
> le plus *franc* et le plus gentil. (*Perceval*, v. 2829-2831)

NB : par référence à la notion d'intégrité, *franc* peut aussi qualifier un aliment « frais » (une anguille par exemple dans le *Mesnagier de Paris* !), puis, au XIIIe siècle, prendre le sens de « entier », « complet », « pur », « sans mélange ».

Paradigme morphologique

• *Franchise* (XIIe siècle), tiré de l'adjectif *franc*, évolue parallèlement à l'adjectif, et réfère à la notion de liberté, puis de noblesse et de vaillance. Retenez aussi le sens médiéval de « exemption de taxes et de paiement d'impôts » conservé aujourd'hui.

• *Affranchir* (XIIIe siècle), synonyme du verbe *franchir* (XIIe siècle), signifie « rendre libre un esclave ou un serf », puis « délivrer d'un mal ». Par la suite, il conserve ses sens premiers (l'application au domaine postal apparaissant au XVIIIe siècle).

• *Franchissement* (XIIIe siècle), déverbal de *franchir*, et *affranchissement*, déverbal d'*affranchir*, signifient tous deux originellement « fait de rendre libre ».

Paradigme sémantique

L'adjectif *franc*, au sens moral, appartient au champ lexical de la caractérisation positive ou laudative, au même titre que *debonnaire*, *cortois*, *gent*, *gentil*, *preux*, *vaillant*... (voir ces fiches, p. 76, 68, 128, 183, 207).

Évolution

• Après le Moyen Âge, *franc* conserve le sens de « pur », « sans mélange », mais surtout avec une nuance péjorative (exemple : une *franche* crapule !). Par ailleurs, on note un glissement progressif vers le sens de « sincère » (qui se traduisait par l'adjectif *vrai* en ancien français). Celui-ci, selon les dictionnaires, serait apparu au XIIe siècle mais les exemples sont rares avant le XVIe siècle : Montaigne est en réalité l'un des premiers à utiliser l'adjectif en ce sens.

NB : ce glissement s'expliquerait par l'apparition de l'adjectif *libre* en moyen français, qui concurrence *franc* en ce sens, et le « pousse » donc vers le seul sens de « sincère ».

L'évolution sémantique est lente cependant, puisque Ronsard emploie encore *franc* au sens de « libre ». Au siècle suivant en revanche, Molière associe en « binôme » *franc* et *sincère* dans *Le Misanthrope*. Ce dernier adjectif, apparu au XVe siècle, présente néanmoins une légère nuance sémantique : alors que la *franchise* semble être une disposition naturelle, la *sincérité* serait une attitude plus ponctuelle.

• Le substantif *franchise* a évolué parallèlement à l'adjectif, et, tout en désignant le caractère de celui qui est *franc*, garde aujourd'hui sa valeur juridique (« exemption de taxes et de servitude »). Quant au verbe *franchir*, il a acquis le sens moderne en moyen français : *franchir* un col, un obstacle, le seuil d'une maison, etc. Enfin, le substantif *franchissement* a subi la même évolution que *franchir*, mais beaucoup plus lentement, puisqu'il n'a acquis son sens actuel qu'au XIXe siècle.

Garde, garder, esgarder et *regarder*

Étymologie

Garder est issu du germanique **wardôn* : « regarder vers », où l'on distingue la base germanique *war* (« être attentif »), également présente dans les verbes *garir* et *garnir*.

Ancien français

1. Pour le verbe *garder*, le sens original de « regarder » n'apparaît quasiment pas en ancien français, contrairement à ce qui se passe dans les autres langues romanes : pour ce sens, on utilise plutôt les verbes *esgarder* puis *regarder*. Notons cependant ces deux occurrences :

> Vers l'uis de la cambre *garda*,
> Par l'uis la dame voi venir. (*Bel Inconnu*, v. 2392-2393)

> La u il gist en teu maniere,
> *Garda* aval lez la riviere,
> Si vit venir deus dameiseles. (*Lanval*, v. 53-55)

2. En construction transitive directe, *garder* a généralement le sens de « veiller sur », « prendre soin de » (XIe siècle) et, notamment, « empêcher ou préserver qqn de faire qqch », que ce soit dans un contexte profane ou (surtout) religieux :

> Mais Dius me *gart* de li fauser. (*Bel Inconnu*, v. 1242)
> De ço nos viene Dius *garder*. (*Ibid.*, v. 1254)

3. Employé seul, *garder* signifie « faire attention », « prendre garde », cette dernière locution existant d'ailleurs à l'époque médiévale ; on l'emploie notamment pour exprimer l'idée de défense. Le verbe, à l'impératif, est alors suivi d'une indépendante elle aussi à l'impératif, ou d'une proposition complétive introduite par *que* :

> *Gardés* ja ne vos retornés. (*Bel Inconnu*, v. 2810)
> Si *gardés* que vos n'entrés mie
> En la cambre [...] (*Ibid.*, v. 2832-33)
> Chaciez moi tuz ces chiens ariere,
> Si *gardez* que hum ne la fiere. (*Bisclavret*, v. 155-156)

NB : le sème de crainte, on le voit, n'est pas très loin, et apparaît d'ailleurs dans la locution verbale *avoir garde*, qui signifie au Moyen Âge « avoir peur », « craindre » :

Dame, n'aiés *garde*, car je sui ci. (*Vie de saint Louis*, § 397).

4. A la forme réfléchie, *soi garder* (de quelqu'un) signifie « prendre garde » (à quelqu'un), « faire attention » (le verbe est alors synonyme de la locution *soi prendre garde*). D'abord utilisé en contexte religieux, son usage se généralise au XIIe siècle, et le verbe est fréquemment employé en contexte militaire avec le sens de « se mettre en garde » :

Or me covient que jeo me *gart*. (*Eliduc*, v. 598)
Je vos desfi ; or vos *gardez* ! (*Bel Inconnu*, v. 1406)

5. Par extension, on passe de l'idée de « veiller sur quelque chose » à celle de « protéger » et « préserver », voire « conserver », « mettre de côté », d'où l'apparition de la *garde-robe* (« lieu, pièce, où l'on conserve les vêtements »). Enfin, par une nouvelle extension, le verbe acquiert un sens abstrait et signifie « continuer à avoir » (un sentiment, une qualité, une idée, etc.)

Paradigme morphologique

1. *Resgarder* (orthographié *reswarder* au Xe siècle puis *resgarder* au XIIe siècle) est en fait le verbe *esgarder* (sens : « regarder » et déverbal : *esgart*), précédé du préfixe *re*. En ancien français, il peut avoir un sens physique ou moral : « diriger sa vue sur » (qqn ou qqch), ou « prendre en considération » (qqn ou qqch). Dès la fin du XIIe siècle, on le trouve même au sens de « concerner » (sujet = nom de chose, et objet = une personne).

Après le Moyen Âge (surtout à partir de l'époque classique), *regarder* prend aussi le sens de « considérer » dans des constructions du type *regarder pour / en*, et surtout *regarder comme*, qui supplante bientôt toutes les autres. Apparaissent aussi des expressions telles que *regarder de haut en bas* (« mépriser », au XVIIe siècle), ou *regarder sous le nez* (« regarder avec insolence », toujours au XVIIe siècle).

Enfin, notez que la forme réfléchie *se regarder* signifie au Moyen Âge « regarder autour de soi », avant d'acquérir à la fin de la période un véritable sens réfléchi (*se regarder dans un miroir*). Le sens réciproque n'apparaît, lui, qu'au XVIIe siècle (*se regarder l'un l'autre*).

2. Le déverbal *regart* (apparu au Xe siècle) signifie logiquement « action de regarder », « manière de regarder », mais aussi « attention ». A partir du sens de « manière de regarder », on dévie rapidement vers celui de « point de vue », qui donne lieu à des expressions du type : *au regard de* (« par rapport à », « du point de vue de »), tandis que les XIIe-XIIIe siècles créent l'expression *malveis regart* (« mauvais œil »).

3. Le substantif *garde* apparaît au XIe siècle et signifie « action de garder », puis « surveillance », « protection », d'où son emploi dans le domaine militaire (notamment *avant-garde* et *arrière-garde*). En tant que nom collectif, *garde* désigne aussi l'« ensemble des personnes qui gardent », que ce soit pour défendre ou pour protéger. Il est moins rare que son homonyme masculin *garde*, qui s'emploie surtout au pluriel en ancien français et entre dans la formation de très nombreux noms composés dont beaucoup ont survécu jusqu'à aujourd'hui : *garde-barrière*, *garde-malade*, etc.

Évolution

Tous les sens de l'ancien français ont perduré (*garder* sur soi un vêtement, *garder* la chambre, *garder* un malade, etc.), mais les expressions où *garder* a un sens abstrait se sont multipliées : *garder* le silence, *garder* ses distances...

On a conservé également le composé *regarder*, très fréquent en français moderne, et le substantif *garde*, toujours présent au sein de multiples locutions verbales (*prendre garde*, *être sur ses gardes*, *monter la garde*, etc.) et de nombreux noms composés.

Garir

Étymologie

Le verbe *garir* remonte au francique **warjan*, qui contient les sèmes de protection et de défense (pensez à l'allemand moderne *wehren* : « se défendre », « s'opposer à »). C'est plus précisément la forme latinisée de ce verbe, *warire* qui donne lieu en ancien français à *garir*.

Ancien français

En ancien français, *garir* signifie en général « défendre », aux deux sens de « protéger » et « empêcher ». Il peut être transitif ou intransitif et recouvre trois valeurs essentielles, qui correspondent en gros aux trois grandes peurs du Moyen Âge (la guerre, la faim et, surtout, la maladie).

1. Emploi transitif

Dans le domaine militaire, le verbe *garir* signifie « sauver », « défendre » un lieu. En période de siège ou de disette, il peut aussi prendre le sens d'« approvisionner ». Cela dit, son emploi le plus fréquent concerne la « défense » contre la maladie et la blessure. *Garir*, construit transitivement, signifie alors « soigner, panser », et peut être construit directement ou indirectement (avec la préposition *de*) :

> Si mande au plus tost que il puet un vieill chevalier qui pres d'ilec manoit et qui s'entremetoit de *garir* plaies. (*La Mort Artu*, § 21, 33)

> Aprés li fist tant donner del sien et a celui qui l'avoit *gueri de* sa plaie que il en furent mieuz aeisié a touz les jorz de leur vies. (*Ibid.*, § 56, 7)

NB : dans une acception plus abstraite, *garir*, suivi de la préposition *de* et d'un infinitif, signifie « préserver, empêcher (qqn de faire qqch) » :

> Deu recleiment devotement, [...]
> Que vers sun fiz querge aïe,
> K'il les *garisse de* perir. (*Eliduc*, v. 821-825)

2. Emploi intransitif

Lorsqu'il est intransitif, *garir*, en contexte militaire, signifie « se défendre, résister » et, dans le cadre de la « défense contre la faim », prend le sens de « trouver de la nourriture, gagner sa vie ». Une fois encore néanmoins, c'est le sens médical qui l'emporte largement. *Garir* signifie alors « cicatriser » (en parlant d'une blessure) et « guérir », « recouvrer la santé » (en parlant d'un être animé) :

> Par foi, fet Lancelos, se ge ne vois a l'assemblee qui doit estre au chastel de Taneborc, ge ne porroie mie *guerir*. (*La Mort Artu*, § 41, 31)

NB : par métaphore, *garir* peut s'employer dans le domaine religieux (sens : « être sauvé »), ou dans le domaine amoureux et courtois (sens : « être heureux », « être comblé ») ; cette dernière métaphore s'explique d'ailleurs aisément : l'amour comme maladie est une image transmise au Moyen Âge par le poète latin Ovide.

Paradigme sémantique

Dans le domaine médical, *garir* transitif est en concurrence avec *saner* et *panser* et, au sens de « recouvrer la santé », a pour synonyme le verbe *respasser*. Aux sens d'« approvisionner » (défense contre la faim) et de « munir », « protéger » (défense militaire), le principal concurrent de *garir* est cette fois le verbe *garnir*, issu du francique **warnjan*, que l'on rencontre parfois sous la forme pronominale (*soi garnir* : « se tenir sur ses gardes »).

Paradigme morphologique

Pensez surtout au substantif *garison*, qui, conformément aux différents sens de *garir*, signifie : « défense », « soutien », « protection » (défense contre la guerre), « nourriture », « provisions » (défense contre la faim), et « guérison », « soin » (défense contre la maladie). Il entre notamment dans la formation de la locution *torner a garison*, qui signifie « guérir », « recouvrer la santé » :

> Et il estoit adont si *tournez a garison* qu'il se pooit aler esbatre par laiens. (*la Mort Artu*, § 45, 16)

Évolution

La forme *guerir* est champenoise ; elle apparaît au XIIIe siècle et se généralise après la période médiévale, même si l'on trouve encore dans certaines régions la forme *garir* au début du XVIIe siècle.

Par ailleurs, notez l'apparition en moyen français de *garisseur* et des adjectifs *garissable* et *ingarissable*, conservés aujourd'hui.

Gent et *gentil*

Étymon

On retrouve à la base de *gent* et *gentil* la même racine [*gen-*] liée à l'idée de naissance, qui apparaît dans plusieurs mots latins :

- *Gigno, is, ere, genitum* : « engendrer, enfanter ».
- *Gens (gentem), gentis* : « famille, race ».
- *Gentilis, e* : « qui appartient à la famille ».

Ancien français

1. L'adjectif *gent* est issu du participe passé latin *genitum*. Entre le latin et l'ancien français cependant, il y a eu une valorisation du sens puisqu'on est passé de l'idée de « né » à celle de « bien né ». *Gent* renvoie en effet aux qualités morales d'un individu noble et constitue le quasi synonyme des adjectifs *franc*, *noble* et *débonnaire* (voir les fiches sur ces termes, p. 120, 76). Cela dit, *gent* est aussi presque toujours associé à la beauté physique ; plus précisément, il permet de qualifier la beauté d'une personne dans son ensemble, *i.e.* à la fois physiquement et moralement, d'où l'association fréquente en ancien français des adjectifs *biaus* et *gent*, qui se complètent et se précisent l'un l'autre, puisque *gent* ajoute une nuance de distinction et de grâce à l'idée de beauté :

> Et dame Orable, une roïne *gente*,
> Il n'a si bele desi en Orïente,
> *Bel* a le cors, eschevie est et *gente*. (*La Prise d'Orange*, v. 202-204)

NB : sur l'adjectif est formé l'adverbe *gentement*, dont le sens est proche de celui de *courtoisement* et *franchement* : « élégamment », « noblement ».

2. L'adjectif *gentil* (issu de *gentilem*) qualifie quant à lui le noble de race, mais aussi le noble de caractère, à la fois « généreux » et « courtois » (pensez aujourd'hui au « gentilhomme », terme dans lequel on retrouve l'association du sens moral et du sens noble). En revanche, il n'implique pas l'idée de beauté physique. Même chose pour le substantif *gentillesse*, qui renvoie d'abord simplement à la noblesse de naissance, puis, par extension, à la noblesse en tant qu'elle se manifeste dans l'attitude et le comportement et, enfin, aux qualités morales qui accompagnent une haute naissance :

> Ses peres est frans et cortois,
> mes d'avoir a molt petit pois ;
> et molt *gentix* dame est sa mere,
> qu'ele a un *gentil* conte a frere. (*Erec et Enide*, v. 1541-1544)

NB : en tant que substantif, le mot *gentil* utilisé au pluriel peut aussi désigner les païens, par opposition aux chrétiens et aux juifs ; il dérive alors du latin *gentiles*, terme par lequel les Latins désignaient tous les peuples non romains ou grecs, à la façon des « barbares » chez les Grecs.

3. Enfin, le substantif *gent* (issu de *gentem*, le « peuple », la « nation », la « race » en latin classique) est très fréquent dans les textes médiévaux et désigne tout « ensemble uni par un lien », de quelque type que ce soit : « famille » (lien de parenté), « peuple » (lien ethnique), « parti » (lien politique), « armée » (lien militaire), « caste » (lien social) :

> Mes ne lor vaut la montance d'un gant,
> Que trop i ot de la françoise *gent*. (*La Prise d'Orange*, v. 1821-1822)

Évolution

L'adjectif *gent* a vieilli (*gente dame*) et n'apparaît plus que dans un contexte archaïsant. *Gent* en tant que substantif a survécu au sens de groupe ; exemple : la *gent* féminine. Enfin, *gentil* et *gentillesse* ont été les plus chanceux, car ils ont conservé les sens acquis au XVIe siècle : « gracieux », « aimable ».

Gesir

Étymologie

Le verbe latin *jacere*, qui signifie « être étendu, allongé », puis, de façon figurée, « être abattu, découragé », donne par évolution régulière le verbe *gesir* en ancien français.

NB : il ne faut pas confondre l'étymon *jacere*, avec un *e* long, et son quasi-homonyme *jacere*, avec un *e* bref, qui signifie « lancer », « jeter ».

Ancien français

1. Ce verbe, récurrent au Moyen Âge, apparaît au Xe siècle et peut s'utiliser de façon pronominale ; il signifie essentiellement « être étendu » :

> Des ore est Guigemar a aise :
> Ensemble *gisent* et parolent
> E sovent baisent e acolent. (*Guigemar*, v. 530-532)
>
> S'ala *gesir* seur l'eur d'une fonteinne. (*La Mort Artu*, § 64, 24)
>
> Par delés cele fonteinne se *gisoit* uns chevaliers touz desarmez. (*Ibid.*, § 74, 9)

2. Ensuite, par spécialisation, *gesir* prend les sens suivants :

– « Se reposer, dormir » :

> Des or poëz *gisir* en peis :
> Il ne vus esveillerat mes. (*Laüstic*, v. 109-110)

– « Faire étape pour la nuit » (notamment dans les chansons de geste ou les romans de chevalerie, par dérivation du sens précédent), d'où l'emploi de l'ancienne forme du participe passé, *giste*, pour désigner le « lieu où l'on séjourne » (en concurrence avec *ostel*) et la création, au XIIIe siècle, du verbe *gister*.

– « Être malade, être alité, être évanoui » :

> Encor *jut* ele en paumeisun,
> Nen ot semblant si de mort nun. (*Eliduc*, v. 871-872)

– « Être étendu dans la tombe », « être mort » (avec une spécialisation dans le domaine de l'épitaphe : *ci-gist*, formule conservée en français moderne).

– « Avoir des relations sexuelles », notamment dans les expressions *gesir a femme par force*, *gesir charnelement*...

– « Accoucher », sens qui donne lieu à la locution verbale *gesir d'enfant*, aux substantifs *gesante* (« femme qui accouche ou a accouché ») et *gesine* (« enfantement »), à l'expression *en gesine*, et au verbe *gesiner* (plus rare).

NB : le verbe *gesir* possède aussi deux sens figurés : « être situé » (en parlant d'une maison ou d'une ville), et « consister en » (construction : *gesir a* + nom ou infinitif).

Évolution

A cause de sa conjugaison particulièrement difficile, le verbe est concurrencé dès la fin du Moyen Âge par *coucher*, *s'allonger*, etc. et perd peu à peu la plupart de ses emplois. Le recul s'effectue à partir du XIVe siècle et s'achève au XVIIe siècle. En effet, le sens de « consister en » (avec un sujet inanimé) apparaît encore chez Montaigne et Corneille, mais à la fin du XVIIe siècle, le dictionnaire de Furetière (paru en 1694) précise qu'il s'agit d'un « vieux mot » en usage quelques temps seulement.

Aujourd'hui, *gesir* est un verbe défectif et rare dont nous n'avons conservé que les formes suivantes : *ci-gît*, *gisant*, *git*, *gisait*.

Son paradigme a eu une destinée plus ou moins chanceuse :

- *Gesine* a été condamné par Furetière, qui le considère hors d'usage.
- *Gisant* était encore très vivant au XVIIe siècle (sens : « alité pour cause de maladie ») puis a décliné lentement ; aujourd'hui, il a repris du poil de la bête dans le domaine de l'histoire de l'art (un *gisant* est une statue représentant un mort étendu).
- *Gîte* : en ancien français, ce terme était réservé à l'homme, avant d'être réservé à l'animal en moyen français, puis au lièvre au XVIe siècle, sauf dans les expressions « droit de gîte » et « le gîte et le couvert ». Aujourd'hui, avec le développement du tourisme, *gîte* est de nouveau un terme dynamique (*gîte rural*, *gîte d'étape*). A titre plus anecdotique, retenez aussi le sens, acquis en moyen français, de « partie de la cuisse du bœuf » et, dans le domaine maritime, celui de « lieu où est échoué un navire » (XIXe siècle), « inclinaison d'un navire sur le côté » (*Prendre de la gîte*).
- *Gisement* : le mot signifie à l'origine, au XIIIe siècle, « action de se coucher » ; il devient au XVIIe siècle un terme de marine, avant que se développe au XVIIIe siècle le sens moderne : « couche de minéraux (gaz, pétrole, etc.) dans le sol ».

Grace

Étymologie

En latin classique, *gratia* est un terme complexe (trois colonnes dans le *Gaffiot* !) se rapportant aux relations entre les personnes et désignant, de façon générale, une « manière d'être agréable » ; on peut distinguer trois grandes catégories sémantiques pour ce mot :

– « faveur, complaisance, obligeance (envers quelqu'un) » ;
– « faveur, bonnes grâces (d'autrui) » ;
– « Agrément, charme, grâce ».

Ancien français

En ancien français comme en latin, *grace* peut avoir de très nombreux sens, principalement empruntés au latin classique :

1. « Faveur, don, bienfait » et, en particulier, « pardon, grâce, remise de peine » (surtout dans le domaine religieux mais pas seulement) :
– *avoir a grace* : « tenir en faveur » ;
– *faire grace* : « rendre service » ;
– *par la Deu grace*, *par la grace le pape*, *avoir grace de fame*...

2. « Permission », « bon vouloir » :
– *avoir grace de faire quelque chose* ;
– *faire sa grace* : « agir selon sa volonté » (synonyme : *faire sa bonne volenté*).

3. « Renommée » :
– *avoir mauvaise grace* ;
– *avoir petite grace / grant grace*.

4. « Qualité » (surtout dans l'expression *bone grace*) :

> Loyaux, sans ire et sans mesdiz,
> Ces *graces* ot li chevaliers. (*Galeran de Bretagne*, v. 4-5)
> S'ot en li mainte *bonne grace*. (*Ibid.*, v. 63)

En outre, le terme a donné lieu en ancien français à plusieurs formules lexicalisées :

– *an de grace* : « année comptée à partir de la naissance du Christ » (formule toujours employée aujourd'hui mais devenue archaïque).

– *par la grace de Dieu* : formule ajoutée par les rois de France à leur titre royal depuis Pépin le Bref ;
– *rendre grace* : « remercier » ;
– *vostre grace* : formule de respect pour tout personnage important (pas seulement le roi).

Paradigme morphologique

• L'adjectif *gracieux* signifie surtout en ancien français « qui fait preuve de bienveillance, clément ». Cependant, qu'il s'agisse d'un individu, d'une chose ou d'un objet, le terme équivaut parfois à une appréciation esthétique ; ainsi, est *gracieus* celui (ou ce) qui a du charme, de la beauté ; dans le *Roman de Troie* notamment, Hélène est *gracïouse* (cet adjectif étant l'exacte traduction du latin *formosa*). Par la suite, l'adjectif évolue, de sorte qu'il signifie en moyen français « doux, agréable », pour une chose, « aimable, affable », pour un être animé, puis acquiert un sens nouveau : « qui accorde ses faveurs », notamment dans le domaine judiciaire (*sa gracieuse majesté*). A partir de l'époque classique, le sens de « grâcieux, agréable » en parlant d'une chose devient archaïque, et au XIXe siècle *gracieux* peut signifier « gratuit » (*à titre gracieux*). Enfin, au XXe siècle, l'adjectif s'emploie surtout pour qualifier un être animé, ainsi que dans le domaine artistique et au sens de « gratuit ».

• Le verbe *gracier* signifie « faire grâce, remercier ».

• Le substantif *gracieuseté*, très fréquent en moyen français, évoque une « manière agréable » (sens aujourd'hui archaïque), mais peut aussi désigner un « cadeau » (sens disparu).

• L'adverbe *gracieusement*, apparu au XIVe siècle, a suivi l'évolution sémantique de l'adjectif.

Évolution

Aujourd'hui, *grâce* conserve tous les sens qu'il avait en ancien français :

• « Don, faveur » : *solliciter / obtenir une grâce, être dans les bonnes grâces de qqn.*

• « Plaisir » : *faire à qqn la grâce de faire qqch.*

• « Bienveillance, bonté, protection » : *être en grâce auprès de qqn.*

• « Bonté divine » : *par la grâce de Dieu, à la grâce de Dieu, être en état de grâce...*

• « Pardon, remise de peine » : *la grâce présidentielle.*

• « Charme, agrément » : *avoir de la grâce, être sans grâce, parler avec grâce...*

• « Bonne volonté » : *de bonne grâce.*

Gré

Étymologie

Gré est issu du latin *gratum*, neutre substantivé de l'adjectif *gratus* : « accueilli avec faveur », « agréable », « bienvenu », « aimable », « reconnaissant ».

Ancien français

Gré apparaît dans la langue au Xe siècle avec le sens latin de « consentement ». On le trouve en particulier dans les expressions *de* (*mon* / *ton* / *son*) *gré* : « spontanément », « de sa propre initiative » ; *au gré de* : « selon sa volonté » ... *bon gré* et *mal gré* : « volontiers », « contre sa volonté » :

> A la montee d'un degré
> vint uns vaslez tot *de son gré*
> qui aporta un mantel cort. (*Perceval*, v. 1547-1549)

Gré entre en outre dans la formation de la locution verbale *savoir* (*bon*) *gré*, conservée aujourd'hui : « être reconnaissant » :

> Sire, fet ele, vos l'avroiz,
> mes ja *gré* ne nos en savroiz. (*Perceval*, v. 1729-1730)

NB : plus rarement, *gré* peut être employé au sens de « plaisir », « amitié », « don ».

Paradigme morphologique

Très riche, ce paradigme comprend :

• Les verbes *greer* : « accorder volontiers », « approuver », « consentir » (la forme réfléchie *soi greer* signifiant « flatter ») ; *agreer* : « être agréable », « plaire » et l'antonyme de ce dernier : *desagreer*.

• Les substantifs *greement* et *greance*, qui signifient tous deux « consentement, accord ».

• Le substantif *greor*, qui désigne celui qui *gree* ou *se gree*, autrement dit, « celui qui consent », « celui qui se porte garant », « le flatteur ».

• Les adjectifs *greable* et *agreable* (forme renforcée), qui signifient l'un et l'autre « qui convient », « qui plaît », et leur antonyme *desagreable*.

• Les adverbes *agreablement* et *desagreablement*, dont le sens est proche de celui du français moderne.

• La préposition *maugré*, formée de l'adjectif *mal* et du nom *gré*, employée au sens de « contre la volonté de », « en dépit de », et le verbe *maugreer* : « manifester son déplaisir ».

Évolution

Gré et son paradigme morphologique demeurent aujourd'hui fort dynamiques ; le substantif *gré* conserve notamment deux acceptions médiévales : « consentement » (dans les expressions *bon gré, mal gré* et *de bon gré*), et « reconnaissance », dans la locution *savoir gré*. Quant aux termes du paradigme, ils gardent surtout le sème de « plaisir », tels les verbes *agréer* et *maugréer*, les substantifs *agrément* et *désagrément*, les adjectifs *agréable* et *désagréable*, et les adverbes *agréablement* et *désagréablement*.

Honor et *honte*

Étymologie

Malgré leur proximité apparente, ces deux termes n'ont absolument pas la même origine ; ainsi, ***honneur*** vient du latin classique *honos, honoris* (devenu *honor* en latin impérial), qui signifie :

– « témoignage de considération », « hommage » ;
– (surtout au pluriel) « charge », « magistrature » (penser au *cursus honorum*).

– « honneur », « gloire » ;
– puis, par métonymie, « sentiment de l'honneur ».

En revanche, ***honte*** vient du francique **haunipa* ou **haunita* signifiant « dédain », « raillerie » ; il est donc à rapprocher du verbe *honnir*, issu du francique **haunjan* signifiant « railler », « insulter ».

Ancien français

1. En ancien français, ***onor*** (jusqu'à la relatinisation de la langue, à la fin du Moyen Âge, le mot est le plus souvent orthographié sans « h » à l'initiale) conserve les mêmes sens qu'en latin, mais transposés dans le monde féodal ; il signifie donc :

a. « Honneur rendu à qqn » ou « honneur que l'on mérite », d'où l'expression *faire onor a qqn*, qui signifie « rendre hommage à qqn » (en lui offrant des preuves souvent matérielles d'estime et de respect) ou, dans un emploi absolu, « faire preuve de largesse et de générosité ».

b. « Fonction administrative » qu'un suzerain accorde, par estime, à l'un de ses vassaux, ou, par matérialisation de ce sens, « salaire attaché à la charge » et, en particulier, « terre accordée par le suzerain pour honorer son détenteur ».

NB : le mot est alors à rapprocher de *fief*, *terre* et *biens*, et désigne parfois l'« ensemble des terres relevant d'un souverain », voire l'« exercice du pouvoir royal » lui-même :

> Il nos besa, si vos mande par nos
> Que vos gardez sa cité et s'*onor*. (*La Prise d'Orange*, v. 526-527)

c. « Comportement honorable », notamment dans l'expression *savoir honur*, qui signifie littéralement « savoir se comporter conformément aux obligations d'un chevalier ayant le sens de l'honneur ».

2. ***Honte***, orthographié *hunte* à l'origine, réfère au Moyen Âge à un « déshonneur humiliant » ; il apparaît dans l'expression *faire hunte* (à qqn), synonyme de *faire leidure* et *faire lait*, que l'on peut rapprocher également des verbes *hunir*, *laidir* et *avilier* (qui a donné *avilir* en français moderne) :

> As piez li chiet, merci li crie,
> E dit que Lanval l'ad *hunie* : [...]
> Pur ceo qu'ele l'en escundist,
> Mut la *laidi* e *avila*. (*Lanval*, v. 315-319)

A partir de ce substantif ont été également créées en ancien français les locutions verbales *avoir hunte* (« subir un traitement indigne », « voir son honneur compromis »), et *dire hunte* (« insulter », « outrager ») :

> Se vos fere ne le savez,
> *Honte* ne blasme n'i avez. (*Perceval*, v. 1467-1468)

> Et la dameisele l'esgarde
> qui n'estoit lante ne coarde
> de dire a un chevalier *honte.* (*Ibid.*, v. 6633-6635)

Paradigme de *honneur*

Au Moyen Âge, le paradigme morphologique de ***onor*** comprend :

• L'antonyme *deshonneur*, présent dès la *Chanson de Roland*, que l'on trouve notamment dans l'expression *faire deshonneur* (synonyme de *faire honte*).

• Les verbes *honorer* (Xe siècle) et *deshonorer* (XIIe siècle), conservés en français moderne.

• Les substantifs *honorement* (« action de faire honneur ») et *honorance* (« honneur, respect »), qui ont disparu respectivement après le XIIIe et le XVe siècle.

• Le substantif *honoraire*, employé au XVe siècle comme adjectif, et utilisé à partir du XVIe siècle comme substantif (dans les deux cas, il possède les mêmes sens qu'en français moderne).

Paradigme de *honte*

Le paradigme morphologique de ***honte*** est beaucoup moins riche que celui de *onor* ; c'est pourquoi nous nous contenterons de mentionner ici l'adjectif *honteux* (formé sur le substantif au XIIe siècle), et l'adverbe *honteusement*, tous deux conservés jusqu'à ce jour, sans oublier de mentionner le verbe *honnir* (XIe siècle), qui appartient au même paradigme étymologique et signifie au Moyen Âge « couvrir de honte », « dénoncer », « vouer au mépris public » (sens conservés aujourd'hui), mais aussi « mettre à mort de façon humiliante » (sens disparu).

Évolution

1. Pour le mot *honneur*, tous les sens médiévaux subsistent :

– « titre » et « charge » (*être comblé d'honneurs*) ;

– « marque de considération » (*rendre honneur à qqn*) ;

– « gloire » (*faire qqch pour l'honneur, faire un tour d'honneur, mourir au champ d'honneur*) ;

– « estime dont on jouit » (*sauver l'honneur, parole d'honneur*, etc.).

2. Concernant *honte*, le sens actuel de « pudeur », « retenue », est apparu au XVIe siècle. En outre, *honte* a acquis au XVIIe siècle le sens de « sentiment que l'on a de son infériorité et de son déshonneur », d'où « gêne », « confusion » (*le rouge de la honte* lui est monté au front, *toute honte bue, avoir honte*, etc.). C'est pourquoi, aujourd'hui, l'expression *faire honte à qqn* signifie « faire ressentir à quelqu'un un sentiment de honte et de gêne » plutôt que « couvrir de honte » ou « dénoncer » comme c'était le cas au Moyen Âge.

Joie (le vocabulaire de la)

joie, hait, liesce

Joie, *hait* et *liesce* sont les trois principaux termes médiévaux référant à un sentiment de bonheur intense, qu'il soit individuel ou collectif. Proches par leur sens, ils sont cependant différents par leur origine et révèlent, dans le détail, quelques nuances sémantiques.

Étymologie

• ***Joie*** est issu du latin classique *gaudia*, pluriel neutre de *gaudium* pris à basse époque pour un féminin singulier. En latin, *gaudium* signifie « contentement », « plaisir », et notamment « plaisir des sens », « volupté », et « objet du plaisir ».

• ***Liesce*** est lui aussi issu d'un substantif latin, *laetitia*, dont le sens primitif est « fertilité », « fécondité », conformément aux acceptions du verbe *laetare* : « engraisser la terre », et de l'adjectif *laetus* : « gras », « fertile ». Par la suite, de façon somme toute assez logique dans une société essentiellement paysanne et rurale, *laetitia* acquiert le sens de « joie », « liesse ».

• Enfin, ***heit*** est sans doute issu du nordique **heit* : « promesse », « vœu ».

Ancien français

• ***Joie*** conserve en ancien français le sens qu'il avait en latin ; cela dit, sans se limiter au vocabulaire amoureux, il désigne plus particulièrement dans la poésie lyrique courtoise le bonheur intense ressenti par l'amant lorsqu'il est auprès de sa dame. Prenant modèle sur les troubadours occitans, qui exaltaient la *joy* procurée par l'amour, les trouvères développent dans la poésie d'oïl ce sentiment fort, intense, qui va bien au-delà de la simple jouissance physique, et qu'il serait sans doute préférable de rapprocher de la notion d'extase. Par là même, ils s'inspirent encore une fois du lexique religieux, qui exalte lui aussi la *joie* ressentie par le chrétien face à son Dieu.

Souvent extériorisée, la *joie* apparaît en outre dans de multiples expressions du type *mener joie*, *demener joie*, *tenir joie*, qui signifient toutes « manifester sa joie ».

• ***Hait*** est un terme beaucoup moins complexe que le précédent, qui ne peut référer à un sentiment absolu, qu'il soit amoureux ou religieux. Signifiant originellement le « souhait », ce mot désigne ensuite le « plaisir » et la « joie » par le biais d'une expression fréquente en ancien français : *a hait*, que l'on peut traduire par « à souhait » mais aussi « promptement », « gaillardement ». C'est ainsi que *avoir hait* signifie « être en bonne santé morale ou / et physique », autrement dit, « être bien portant », « être heureux », tandis que la locution prépositionnelle *de heit* se traduit par « avec joie ».

• Enfin, ***liesce***, qui supplante au XIIIe siècle la forme *leesce* (qui avait elle-même remplacé la forme primitive *ledesce*) désigne aussi la « joie », mais, contrairement à *joie*, qui implique souvent l'idée d'un sentiment de plénitude et d'absolu plus ou moins durable, *liesce* réfère souvent à un état ponctuel, lui-même lié à un événement précis. Par ailleurs, un examen approfondi des textes indique bien souvent que la *liesce* demeure intérieure, se rapprochant ainsi du sens de « satisfaction » en français moderne, par opposition encore une fois à la *joie*, qui se traduit par des manifestations diverses (cris, bruit, etc.)

Ainsi, les trois termes sont seulement synonymes en apparence : la *joie* est un bonheur très intense, quasi extatique parfois, et le plus souvent extériorisé ; *hait* réfère plutôt à un état de bonheur associé à la plénitude physique (d'où la coordination fréquente des adjectifs *sain* et *haitiez*), tandis que la *liesce* semble un bonheur plus intériorisé et ponctuel.

Paradigme morphologique

• On note une grande vitalité du paradigme de ***joie*** ; celui-ci comprend notamment :

– le verbe *joïr* (du latin vulgaire **gaudire* : « se réjouir »), qui signifie en ancien français « se réjouir », « tirer plaisir de la possession de qqn ou de qqch » (en particulier sur le plan sexuel), et, jusqu'au XVIIe siècle, « accueillir chaleureusement qqn » ;
– son composé *esjoïr*, simplement attesté au sens de « rendre joyeux » ;
– l'adjectif *joiant* (« joyeux »), qui sera supplanté en moyen français par *joius.*

• De même, sur ***hait*** sont formés :

– le verbe *haitier*, « réjouir », utilisé le plus souvent à la forme pronominale : *soi haitier* ; retenez aussi son participe passé, *haitiez*, très fréquent au sens adjectival de « bien portant » ou « heureux » ;
– l'antonyme *deshait*, forgé par ajout du préfixe *des*, dont le sens est presque toujours psychologique : « chagrin », « découragement », « malheur » (synonymes : *dol*, *ire*, *corroz*). Il apparaît notamment dans la locution *mal dehait ait* ou simplement *dehait ait*, formule de malédiction dont le sens approximatif est « maudit soit », « malheur à », suivi du nom de la personne ainsi maudite. Sur lui sont également forgés d'autres substantifs : *deshaite* (« maladie »), et *deshaitement* (« chagrin »), tandis que le verbe *deshaitier* signifie indifféremment « rendre malade » ou « rendre malheureux », « chagriner ».

• Enfin, du paradigme de ***liesce*** il faut surtout retenir :

– le verbe *leecier* (« réjouir »), employé de préférence à la voix pronominale ;
– l'adverbe *liement* (« joyeusement ») ;
– le participe *liez*, « réjoui », « joyeux », souvent coordonné à son synonyme *joianz.*

Évolution

• ***Hait*** disparaît à la fin du Moyen Âge, ainsi que ses dérivés.

• ***Liesce***, désormais orthographié *liesse*, ne subsiste à partir du XVIIe siècle que dans l'expression *en liesse*, tandis que la locution *faire chère lie* (où *lie* est la réduction du participe *liée*) est devenue archaïque.

• ***Joie*** est entré au XVIIe siècle dans des expressions restées aujourd'hui fort usitées : *fausse joie*, *s'en donner à cœur joie* (*mettre en joie* et *feu de joie* datant quant à elles du XVIe siècle), et demeure aujourd'hui bien vivant. Dans le domaine amoureux en revanche, il ne continue de référer au plaisir physique que par le biais de l'expression *fille de joie*.

Maison et *Ostel*

Étymologie

Le mot *domus*, qui signifiait « maison » en latin classique, n'a pas eu de continuateur dans les langues romanes, sauf dans le parler très conservateur de la Sardaigne ; il a le plus souvent été remplacé par *casa*, qui, en latin classique, désignait seulement une « cabane » ou toute autre construction rudimentaire. On suppose qu'en français primitif, antérieur aux textes littéraires, un terme dérivant de *casa* existait, comme en italien et en espagnol ; cela dit, *casa* a très vite disparu et ne subsiste en français moderne que dans la préposition *chez*, ou dans la toponymie (exemple : la *Chaise-Dieu*).

En revanche, le latin *mansio*, devenu *maison*, s'est imposé en ancien français. Ce terme désignait en latin classique un « relais de poste » où les voyageurs pouvaient s'arrêter et passer la nuit ; dès le bas latin, le sens de « maison » ou « pièce d'une maison » est cependant attesté à côté du sens initial, sans que l'on sache expliquer l'ampleur sémantique prise par ce terme de sens pourtant assez restreint à l'origine.

Quant à *ostel*, il est issu du latin *hospitale*, qui est en fait la réduction (dès l'époque gallo-romaine) de l'expression *cubiculum hospitale*, par laquelle on désignait la « chambre où l'on reçoit les hôtes ».

Ancien français

• Dès les plus anciens textes français, ***mansio / maison*** passe du sens de « demeure provisoire » à celui de « demeure permanente » ; il ne peut donc plus désigner un simple lieu d'hébergement, comme c'était encore le cas en bas latin, mais uniquement le « bâtiment où l'on réside », quelles que soient sa taille et sa localisation (ville ou campagne).

NB : la *maison* étant un bâtiment assez conséquent et solide, elle s'oppose à la *loge*, construction plus rudimentaire ; mais, de facture assez simple, elle s'oppose aussi au *chastel*, plus noble et imposant, et davantage encore au *palais*, plus luxueux (voir les fiches sur ces différents termes, p. 44, 169).

• Au Moyen Âge, la *maison* s'oppose aussi, et peut-être surtout, à l'***ostel***, qui, s'il peut dans quelques cas être synonyme de *maison*, désigne généralement le « logis provisoire », notamment celui des chevaliers errants. Il a alors un sens concret et peut être synonyme des termes *herbergerie* et *herbergage* ; cependant, à l'inverse de *maison*, il acquiert en ancien français un sens abstrait et peut donc aussi désigner « le fait d'héberger » ou « le fait de s'héberger », d'où l'expression *prendre* (ou *avoir*) *ostel* : « loger », « demeurer » (synonyme de *herbergier*).

Ostel, toujours dans un sens abstrait, s'utilise aussi pour évoquer l'« hospitalité » ou le « train de vie », notamment dans les expressions *tenir* (ou *faire*) *bon* (ou *riche*) *ostel* : « être accueillant », « se montrer généreux avec ses hôtes ».

Par la suite, du sens de « logis provisoire », on est passé à celui, plus spécifique, de « logis pour les pauvres ou les malades » ; ainsi l'*ostel Dieu*, ou *ospital Dieu*, désigne-t-il au Moyen Âge un « établissement hospitalier ».

Paradigmes morphologiques

Beaucoup de termes médiévaux sont formés, comme ***maison***, sur la racine latine [*man*], que l'on trouve dans le verbe latin classique *manere* (« rester »). C'est le cas du verbe *maneir*, de même sens que son étymon latin, du verbe *remaneir* (« rester », « demeurer »), du substantif *manoir*, qui désigne simplement l'endroit où l'on demeure, mais aussi du substantif *mesnil*, issu de **mansionile*, diminutif de *mansio*, qui désigne en ancien français une « petite maison », une « ferme », et réapparaît aujourd'hui dans la toponymie (*Ménilmontant*, le *Mesnil-Esnard* près de Rouen, etc.).

Autre réalité importante de la société médiévale, la *maisnie* (du latin populaire *mansionata,* diminutif de *mansio*) désigne les « gens de la maison » ; il s'agit en fait de la « famille » au sens médiéval du terme, c'est-à-dire des membres de la famille « naturelle » mais aussi des alliés du seigneur ou du roi, des serviteurs, etc.

NB : dans une société féodale avant tout clanique et plurielle où l'individualité est perçue comme un lourd handicap, la *mesniee* est indispensable au seigneur ou au monarque ; elle survivra d'ailleurs bien au-delà du Moyen Âge, jusqu'au XVIIe siècle.

Ostel a lui aussi plusieurs dérivés en ancien français, parmi lesquels on peut citer surtout :

- *osteler* : « héberger » ;
- *ostelement* : « fait d'héberger » ;
- *ostelier* (adj.) : « accueillant » ;
- *ostelier* (subst.) : « personne tenant une *ostellerie* » ou « personne chargée d'accueillir les hôtes » (dans un monastère par exemple) ;
- *ostellerie* : « hôtel ».

NB : seuls ces deux derniers termes subsistent en français moderne.

Signalons aussi le substantif *oste*, issu du latin classique *hospes, hospitem*, et son féminin *ostesse*, qui, en ancien français comme en français moderne désigne à la fois « celui qui offre l'hospitalité » et « celui qui la reçoit ».

Enfin, les substantifs *ospice* et *ospital* sont empruntés, pour le premier, au latin *hospitium* (« hospitalité »), dérivé de *hospes*, et, pour le second, au latin tardif *hospitalis (domus)* (« lieu de refuge et d'accueil »). L'un et l'autre concurrencent *ostel* au Moyen Âge pour désigner un lieu d'accueil, généralement dépendant d'un monastère, où l'on soigne et reçoit les malades, les pauvres et les vieillards.

Évolution

En moyen français, la différenciation entre *maison* et *ostel* s'accentue. En effet, *maison* conserve le sens médiéval de « bâtiment solide destiné à l'hébergement permanent », tandis que *ostel* est réservé à des constructions plus importantes (*hôtel de ville*, *hôtel particulier*), à des usages administratifs (*Hôtel de la Monnaie*, *hôtel des ventes*, etc.), ou au logement temporaire et payant.

Quant à *ospice* et *ospital*, ils sont synonymes jusqu'au XVIIe siècle, avant que le premier désigne un bâtiment affecté aux orphelins, aux enfants abandonnés, aux malades incurables et aux vieillards, et le second, un bâtiment réservé aux malades.

Maistre

Étymologie

Le latin classique *magister* (même racine [*mag*-] que dans *magis* et *magnus*) est tout d'abord employé dans la langue religieuse et juridique avant de s'étendre aux domaines profanes. Il signifie « maître », et s'oppose en particulier au *minister* (racine [*min*-] présente dans *minus*), que l'on traduit souvent par « serviteur ».

Ancien français

1. Au Moyen Âge, le *maistre* (féminin *maistresse*) est tout d'abord **celui qui possède une autorité** ; quand celle-ci s'exerce sur des **humains**, il signifie « chef », « commandant ». Dans le domaine féodal en particulier, à partir de la fin du XIIe siècle, *maistre* désigne le « suzerain » par rapport au vassal ; de même, par transposition courtoise, la *maistresse* désigne la « femme aimée » (en concurrence avec *dame*).

NB : dans le domaine religieux, *maistre* peut aussi référer à Dieu (bien que *seigneur* demeure plus fréquent en ce sens). De même, de façon beaucoup plus récurrente, la *maistresse* désigne souvent la Vierge Marie (Villon utilise notamment cette appellation dans sa *Ballade à Nostre Dame*).

Quand l'autorité est exercée sur des **animaux ou des objets**, *maistre* désigne le « maître » de l'animal, ou le « propriétaire » de l'objet en question (en concurrence avec *sire* / *seigneur*).

Enfin, quand l'autorité s'exerce **dans un domaine artistique ou artisanal** particulier (le Moyen Âge, il faut le rappeler, ne fait pas de différence entre l'artiste et l'artisan), le terme réfère à celui qui, après avoir été apprenti et réalisé le chef-d'œuvre, devient un *maistre* ayant sous ses ordres des compagnons et des apprentis. Par extension de ce sens, *maistre* peut aussi désigner celui qui brille dans une technique précise et, dans le domaine médical notamment, devenir synonyme de *mires* et de *fisicïen*.

NB : quand *maistre* s'utilise pour d'autres types de compétences, il est accompagné d'un complément de nom précisant la compétence en question : *mestre d'ostel*, *mestre des comptes*, *maistre de l'œuvre*, *maistre d'armes*, etc., autant d'expressions qui, par la suite, se lexicaliseront et deviendront des titres.

2. Suivi du nom propre, *mestre* permet de désigner la personne en donnant à l'adresse une nuance respectueuse ; néanmoins, cette nuance de respect s'estompe par la suite puisque, chez Villon par exemple, *Maistre* Jean Cotard, ivrogne notoire, « mérite » cette appellation.

3. Enfin, la compétence reconnue au *maistre* lui permet de **diffuser son savoir** ; c'est pourquoi, dès le milieu du XIIe siècle, le mot désigne le « pédagogue », l'« enseignant », que celui-ci s'adresse à des enfants ou à des étudiants de faculté :

> … ausins come li sages *mestre*
> Les petiz anfanz endoctrine… (*Perceval*, v. 7932-7933)

NB : par la suite, cette aptitude à enseigner sera reconnue comme un diplôme universitaire, ancêtre de notre maîtrise actuelle, et l'on créera en 1432 le titre de *Maistre en ars* pour désigner le titulaire de ce grade.

Paradigme morphologique

Notez tout d'abord que l'on trouve en ancien français, à côté de la forme *maistre*, la forme savante *magistre*, ou *magestre*, extrêmement vivante jusqu'au XVIe siècle ; de même, la forme *magister*, directement reprise au latin au XVe siècle, sert à désigner le « maître d'école » jusqu'au XVIIIe siècle (ce dernier terme peut néanmoins prendre un sens péjoratif et qualifier un personnage pédant).

En outre, la polysémie de *maistre* explique la richesse de son paradigme morphologique :

– *maistre* (employé comme adjectif) : « principal », « important » ;
– *maistrie* ou *maistrise* (XIIe siècle) : « domination », « autorité », « puissance » ;

– *maistrer*, *maistrier*, *maistrisier* (fin XIIe siècle) : « dominer », « commander » ;
– *maistrance* (XIIIe siècle) : « fonction du magistrat ».

Évolution

1. *Maistre*, devenu *maître* après le Moyen Âge, n'acquiert pas de sens nouveaux ; on assiste, en revanche, à la naissance de nombreux mots composés : *maître* du chœur, *maître* de cérémonies, *maître* de ballet, *maître* de maison... Tout récemment, dans le domaine de l'éducation, sont aussi apparus les *maîtres* de conférences, *maîtres*-assistants, *maîtres*-auxiliaires, etc.

A la fin du Moyen Âge et au début du XVIe siècle sont nées diverses locutions verbales : *se rendre maître de* (XVe siècle), *être maître de soi* (1538)... En revanche, *maistre* comme appellatif a reculé au profit de *monsieur*, excepté dans quelques domaines particuliers (notarial ou juridique notamment) ; en outre, dans le monde du travail, le terme a été supplanté par *patron* au XVIIIe siècle, afin de désigner « celui qui fait travailler des apprentis et des ouvriers ».

2. Le féminin *maistresse* est devenu *maîtresse* et a subi une restriction sémantique plus importante ; si ce n'est l'apparition de la *maîtresse d'école* (1567) et de la *maîtresse femme* (1669), le terme ne désigne plus, en effet, que la femme aimée en dehors des liens du mariage.

Mander

Étymologie

Mander vient du latin classique *mandare* : « donner mandat à », « donner en mission ». En latin impérial cependant, le sens évolue et le verbe signifie désormais :

– « faire savoir » (par l'intermédiaire d'un messager) ;
– « envoyer chercher quelqu'un » ;
– « faire connaître l'ordre de quelqu'un ».

Ancien français

Mander apparaît à la fin du Xe siècle ; il garde les sens latins et accepte de multiples constructions :

1. *Mander quelque chose* :

– *Mander que* + subjonctif : « ordonner que » (par l'intermédiaire d'un messager). La tournure suivante est très fréquente en ancien français : *mander qqn que* + verbe au subjonctif :

> Lors *mande* ses trois neveuz qu'il viengnent a lui.
> (*La Mort Artu*, § 87, 28)
>
> Pur sun grant busuin le *mandot* [...]
> Que s'en venist pur lui aidier. (*Éliduc*, v. 565-569)

NB : en ce sens, on trouve également la tournure passive *estre mandez que* + subjonctif :

> Li sire aveit esté *mandez*
> Qu'il i alast od ses amis. (*Yonec*, v. 472-473)

– *Mander que* + ind. : « faire savoir à qqn que » (simple transmission d'une information :

> Milun se prist a purpenser
> Coment il li purra *mander* [...]
> Qu'il est al païs revenuz. (*Milon*, v. 157-160)

– *Mander* + substantif ou pronom :

a. « ordonner de faire une action » :

> Il te *mande* a demain la bataille (*La Mort Artu*, § 178, 51)

b. « envoyer » : ex. *mander une lettre* (en concurrence avec les verbes *enveier*, *porter*, *duner*, etc.)

c. « faire dire » :

> A cunseil li ad di saluz
> Que la pucele li *mandot*. (*Éliduc*, v. 403-404)

2. *Mander* qqn : « faire venir », « convoquer » (en concurrence avec *apeler*), notamment dans un contexte militaire au sens de « convoquer des troupes, des soldats » :

> Encuntre lui sa serur *mande* ;
> Par deus chevaliers li comande
> Qu'ele s'aturt et vienge avant. (*Guigemar*, v. 757-759)

Chacuns de cels, quant il en a talant,
Puet bien *mander* .XX.M. combatant. (*La Prise d'Orange*, v. 1097-1098)

NB : *mander* au sens d'« envoyer quelqu'un » (un messager par exemple) est rare en ancien français.

3. *Mander* en emploi absolu : « envoyer un message » :

Dist Arragon : « De folie parlez.
Or *manderai* en Aufrique outre mer ». (*La Prise d'Orange*, v. 591-592)

Paradigme morphologique

• *Demander*, apparu au Xe siècle, vient du latin *demandare*, pris très tôt semble-t-il aux sens de *mandare*. Il signifie en ancien français « solliciter », « réclamer », et « chercher à savoir ». Il a pour déverbal *demande* (XIIe siècle).

• *Commander*, apparu dans la langue au XIe siècle, vient du latin vulgaire **commandare* (par analogie du verbe *mandare*), lui-même issu du latin classique *commendare* signifiant « confier », « recommander ». Il conserve tout au long du Moyen Âge les sens de « confier » et « ordonner ». Au même paradigme appartiennent les substantifs *commandement* (XIe siècle), *comandeur* (XIIe siècle) et *commande* (XIIIe siècle), ce dernier signifiant en ancien français « pouvoir », « protection », « dépôt ».

• *Mandement*, récurrent en ancien français, est un substantif dont les sens recoupent logiquement ceux du verbe *mander* :

a. « message », « ordre », « convocation » :

Li reis oï le *mandement*
E qu'il ne remeindrat nïent. (*Éliduc*, v. 625-626)

b. « ralliement des troupes » (sens militaire), d'où « place forte » (lieu où se fait le ralliement), puis « murs », « murailles » :

Fraindrons cez murs et cez hauz *mandemenz* ?
(*La Prise d'Orange*, v. 1769)

Évolution

Les sens de *mander* sont conservés après le Moyen Âge, mais le terme devient moins fréquent au cours des XVIe et XVIIe siècles et finit par devenir archaïque, peut-être en raison d'un sémantisme trop riche. On le remplace par la locution *faire savoir*.

Commander et *demander*, au contraire, se développent après le Moyen Âge ; au XVIIe siècle en particulier, *commander* est de plus en plus souvent utilisé aux sens d'« exercer une autorité » (sur des personnes ou des lieux), et « passer une commande à un commerçant ou à un artisan ».

Mandement, apparu au XIIe siècle, reste fréquent au XVIe siècle, mais, par la suite, ses sens se restreignent : dès l'époque classique, il ne désigne plus que l'« instruction écrite de l'évêque aux diocésains ».

Enfin, le substantif *mandat* apparaît à la fin du Moyen Âge (il est tiré du participe passé substantivé de *mandare*, *mandatum*, qui signifie en latin classique « mission de remplacer quelqu'un », puis « charge ») ; il est utilisé d'abord dans le vocabulaire ecclésiastique, puis, au XVIIe siècle, on observe une « laïcisation » du terme, employé désormais pour désigner un « acte de procuration » (puis l'« écrit qui permet cette délégation de pouvoir ») ; deux siècles plus tard, *mandat* investit le vocabulaire politique, juridique, puis financier.

Manger

Étymologie

En latin, « manger » se dit couramment *edere*, mais ce verbe, trop court, présente en outre le gros désavantage de se confondre à certaines de ses formes avec le verbe « être » (ainsi, l'infinitif second de *edere* est *esse*, et « tu manges » peut se dire *edis* ou *es*, de même que « il mange » peut se dire *edit* ou *est*) ; c'est pourquoi il ne survit dans aucune des langues romanes.

En latin tardif, c'est donc *manducare*, verbe plus expressif signifiant « mâcher » (*mandere*, en latin classique, est en effet devenu *manducare* en latin populaire), qui prend le sens de « manger », tandis que « mâcher » se dit désormais *masticare* (qui donnera *mâcher* en français, puis *mâchoire*, et enfin, au XIXe siècle, *mastiquer*). En ancien français, *manducare* donne naissance au verbe *mangier*.

NB : pour être précis, il faudrait signaler ici l'existence du mot *manducus*, ou *manduco* (le « mangeur », le « baffreur »), personnage de comédie réputé pour sa gloutonnerie ; on suppose en effet que ce terme est à l'origine du glissement de sens de *manducare*, qui, en latin vulgaire, signifie « manger » et non plus « mâcher » comme en latin classique.

Ancien français

Comme en français moderne, le verbe *manger* s'utilise pour tout fait de manger, quels que soient le repas et le moment de la journée concernés ; il peut également être substantivé, le *mangier* désignant alors le « repas » :

> Mais as plus povres le donet a *mangier.* (*Vie de saint Alexis*, v. 255)
>
> Si laverent li chevalier,
> puis si s'asistrent au *mangier.* (*Perceval*, v. 1557-1558)

Paradigme sémantique

Mangier entre en concurrence avec d'autres verbes plus nuancés, tels que *disner*, *desjuner*, et *souper*.

Desjuner est issu du latin vulgaire **disjunare* : « rompre le jeûne », lui-même dérivé du verbe **disjejunare*, où l'on retrouve l'adjectif *jejunus* (« à jeun »), et le verbe *junare* (« jeûner ») : en ancien français, il présente une alternance de formes fortes (ou toniques) en [*desjeun*], et de formes faibles (ou atones) en [*disn*] ; c'est pourquoi il n'est pas dissociable du verbe *disner*. Comme l'étymologie le laisse supposer, les verbes *disner* et *desjeuner* désignent tout d'abord le premier repas important de la journée (= celui qui marque la rupture du jeûne), mais ils peuvent aussi être utilisés comme simples synonymes de *mangier* :

> S'il vos plaist a *desgeüner*,
> ne vos covient aillors torner. (*Erec et Enide*, v. 3147-3148)

Quant à *souper*, il est issu du francique **suppa* : « tranche de pain trempée dans du bouillon » et, comme *manger*, *disner*, et *desjeuner*, peut s'employer comme substantif ; il désigne en général le repas du soir :

> Mes ceanz n'a que .VI. miches
> c'uns miens oncles, qui est prieus [...]
> m'envoia por *soper* enuit. (*Perceval*, v. 1908-1911)

Paradigme morphologique

- *Desjeünee* (ancien français), *desjeün* (moyen français), et *desjeünement* (jusqu'au XVe siècle) : « repas ».
- *Disnal* (ancien français), et *disnee* (jusqu'au XVIe siècle) : « repas ».
- *Mangeoire* (XIIe siècle) : « auge », puis de façon métaphorique et familière, « lieu où l'on mange » (XIXe siècle).
- *Démanger* (XIIIe siècle) : d'abord « ronger », puis « gratter » ; ensuite, le verbe acquiert à l'époque classique son sens figuré (*démangeaison* n'apparaît, lui, qu'à la fin du Moyen Âge).
- Enfin, en moyen français, époque de la relatinisation de la langue, on voit apparaître le terme *manducation* qui est un emprunt à la langue latine chrétienne et réfère tout d'abord à la *manducation* de l'hostie.

Évolution

Au cours des siècles (il est difficile, hélas !, d'être beaucoup plus précis), le sens de *manger* ne varie pas ; il faut signaler en revanche des variations d'horaires concernant les verbes *desjeuner, disner* et *souper*.

Au Moyen Âge, le premier repas copieux a lieu vers 10 heures, et s'oppose au repas du soir, le *souper* ; puis l'horaire recule, de sorte que le *disner* se prend désormais plutôt vers 11-12 heures. Dans le même temps, le *desjeuner* désigne de plus en plus souvent notre petit-déjeuner actuel, pris au lever, tandis que le *disner* est réservé au repas de la mi-journée.

Aux XVIe et XVIIe siècles, *dîner* est encore utilisé avec le sens médiéval pour désigner le repas de la mi-journée (Madame de Sévigné parle notamment de *dîner à midi*) ; mais, peu à peu, les horaires évoluent, tant et si bien qu'au XIXe siècle, le *dîner* désigne le repas du soir, et le *souper*, le repas pris après le spectacle, tandis que le *déjeuner* réfère au repas du midi. A la même époque apparaît donc le mot *petit-déjeuner*, afin de désigner le premier repas de la journée.

Marcheant

Étymologie

Le substantif *marcheant* appartient à une famille fort « riche » comprenant en outre *mercier*, *merci*, *mercredi*, *marché*, *commerce*, etc., dont l'origine est le latin *merx*, *mercis* signifiant « marchandise ».

En ancien français, *mercem* (accusatif de *merx*) n'a eu pour continuateur que le substantif (assez rare) *merz*, *mers*, de même sens, que la langue moderne n'a pas conservé. Pour comprendre l'apparition du mot *marcheant*, il faut donc remonter à une forme latine non classique **mercatantem*, participe présent du verbe **mercatare* (« faire du négoce », « commercer »), lui-même dérivé du latin *mercatum* (« marché »).

Ancien français

Tous les mots de la famille de *marcheant* ont partie liée avec le commerce et les échanges, si importants dans la civilisation romaine. Dans les premiers siècles du Moyen Âge cependant, le statut du *marcheant* reste modeste ; bien plus, parce que le commerce est le plus souvent pratiqué par les Juifs, les déracinés, les itinérants, il est une activité méprisée, au point que le *marcheant* est moins considéré que le *vilain*, et que le terme même peut devenir une insulte !

Dans la littérature médiévale, cet état de fait explique l'opposition radicale entre le *marcheant* et le *chevalier*. Alors que le premier est méprisé parce qu'il produit des biens, à l'instar d'ailleurs du paysan, le chevalier, lui, est un homme qui ne produit rien et n'agit que pour la gloire : il relève de la deuxième fonction (« ceux qui combattent »), tandis que les paysans, les artisans et les marchands relèvent de la troisième fonction (« ceux qui travaillent »), conformément à la tripartition « dumézilienne » des sociétés indo-européennes. C'est pourquoi les marchands sont souvent ridiculisés dans la littérature du Moyen Âge, qu'ils soient dupés par le héros (dans la branche III du *Roman de Renart* par exemple), ou cocufiés par leur épouse (en particulier dans les fabliaux : voir celui du *Cuvier*).

Paradigme

Comme nous l'avons signalé plus haut, le paradigme de *marcheant* est très abondant. On y relève notamment *mercier*, dérivé de *merz*, qui signifie au Moyen Âge « marchand », ainsi que *mercerie*, dont le sens est « marchandise » jusqu'au XVIe siècle, avant que ne s'opère une spécialisation encore visible aujourd'hui.

Nous laisserons ici de côté le substantif *merci*, étudié ultérieurement, pour ne citer que le *marchié*, dérivé de *mercatum*, qui désignait aussi bien la transaction elle-même que le lieu où elle s'effectuait, et le *mercenaire*, calqué directement sur le latin *mercenarium* (« celui qui perçoit un salaire »), qui désigne à partir du XIIIe siècle le « combattant qui se bat pour de l'argent ».

A titre plus anecdotique, n'oublions par *Mercure*, dieu du commerce chez les Romains, qui a donné son nom au « jour de mercure » : *mercredi* (*Mercurii dies*).

Enfin, tout comme *mercenaire*, *commerce* est un emprunt savant au latin *commercium* ; apparu dans la langue au XIVe siècle, il désigne surtout les « relations engagées pour des échanges » mais peut aussi référer, à partir des années 1580, aux « relations que l'on entretient avec d'autres personnes ou un objet de prédilection ». Ainsi peut-on parler du *commerce des livres* ou estimer d'une personne qu'elle est d'un *commerce* agréable.

Évolution

Aujourd'hui, *marchand*, *marchandise*, *marché*, *mercenaire* et *commerce* sont demeurés très dynamiques. Cependant, il faut noter que les emplois figurés de *commerce* appartiennent au langage soutenu ou littéraire (excepté lorsqu'il s'agit d'évoquer plaisamment les relations sexuelles : *avoir commerce avec une femme* par exemple), tandis que *mercier* et *mercerie* se sont spécialisés après le XVIe siècle pour désigner respectivement le « commerçant qui vend des accessoires de couture » et sa boutique.

Merci

Étymologie

Merces, mercedem en latin classique désignait « le salaire, la récompense ou le prix offert en échange de qqch », puis, par extension, « toute rétribution d'un comportement », qu'il s'agisse d'une récompense ou d'une punition. En bas latin (VIIe siècle), le caractère d'échange s'efface et le terme signifie désormais « grâce accordée » et « faveur », puis, à partir du IXe siècle, « bon vouloir », « bon plaisir ».

Ancien français

Le mot conserve les sens du latin classique et ceux acquis par la suite :

1. « Faveur, récompense accordée » et, en particulier, « pitié, grâce » :

– *avoir merci* (« avoir pitié ») :

> Onques ne le soi tant prier o pleurs et o lermes que il volsist de moi *avoir merci*. (*La Mort Artu*, § 71, 21)

– *por Dieu merci*, *la Dieu merci*, *Dieu merci* (« au nom de Dieu, je vous en prie ») :

> Seigneurs, *pour Dieu merci*, ne lessiés pas ceste ville, car vous veés que mon seigneur le roy seroit perdu. (*Vie de saint Louis*, § 399)

– *requerre merci* et *crier merci* (« demander, implorer la pitié de quelqu'un ») :

> Molt doucement *merci li crie*
> Dist que il fera son plaissir
> A son plaissir n'i puet faillir. (*Bel Inconnu*, v. 1464-1466)

2. « Remerciement » (en concurrence avec *grace* et *gré*) :

– *rendre merci* : « remercier » ;

– *grant merci* : « merci beaucoup » ;

– *vostre merci,* ou *la vostre merci* : « merci à vous » (+ *la moe* / *toe* / *soe merci*) :

> Sire, fist le preudomme, vous me faites grant honeur, *la vostre merci*. (*Vie de saint Louis*, § 168)

– *por Dieu merci, la Dieu merci, Dieu merci* (« Dieu merci ») :

> Cist cunseilz sereit trop hastis
> d'otrïer vus ceste priere :
> Jeo ne sui mie acustumiere.
> – Dame, fet il, *pur Deu merci* ! (*Guigemar*, v. 509-513)

NB : attention à l'expression *por Dieu merci*, qui peut avoir suivant le contexte deux acceptions très différentes, et marquer la supplication ou le soulagement.

3. « Bon plaisir », « discrétion », notamment dans l'expression *estre (ou venir) a la merci de quelqu'un* (même sens qu'en français moderne), en concurrence avec *bandon*, *dangier*, *peril*, et *sugestion* (« sujétion ») :

> Las ! Por lui muir et por li cant :
> Tos jors serai en sa *merchi*. (*Bel Inconnu*, v. 1270-1271)

NB : attention également à *Merci !*, qui peut signifier « Pitié ! », « Je vous en prie ! », ou simplement « Merci ! ».

Paradigme morphologique

• *Mercier* : « récompenser », « remercier » ou « punir ».

• *Remercier* : *idem*, mais ce terme est beaucoup plus rare en ancien français.

• *Merciement* : « remerciement ».

• *Merciable* : « miséricordieux ».

NB : *mercier* et *merciement* disparaissent après le Moyen Âge, remplacés par *remercier et remerciement* ; quant à *merciable*, il disparaît dès le XIVe siècle.

Évolution

En moyen français, *merci*, au sens de « récompense, gratification, salaire », subit la concurrence de *recompense* et *gratification.* Après le Moyen Âge, au sens de « bon vouloir », le terme subit cette fois la concurrence de *bandon* et de *dangier*. C'est pourquoi, en français moderne, les sens médiévaux subsistent uniquement dans des expressions figées : *à la merci de*, *Dieu merci*, *grand merci*, *merci*.

Merveilleux et *merveille*

Étymologie

Merveilleux est issu de l'adjectif latin *mirabilis* : « étonnant », de la même famille que le verbe déponent *mirari* : « s'étonner ». Le pluriel neutre de cet adjectif, *mirabilia*, devenu **miribilia* en latin vulgaire, signifie donc « les choses étonnantes » et, dans la langue de l'Église, peut désigner les « miracles ».

Ancien français

Merveille et *merveilleux* apparaissent en ancien français avec le même sens qu'en latin, mais, le pluriel neutre **miribilia* ayant été pris à tort pour un féminin singulier, **miribilia* (pluriel) devient *merveille* (singulier) en ancien français.

1. Au Moyen Âge, l'adjectif *merveillos* peut qualifier une chose ou un animal « hors du commun », un fait « étranger au monde humain », « surnaturel », mais aussi une chose ou un événement « monstrueux », « effrayant » (bataille, combat...) :

> Celle berrie commensoit a unes tres grans roches *merveilleuses* qui sont en la fin du monde devers Orient.
> (*Vie de saint Louis*, § 473)
>
> La bataille est e *merveilluse* et grant. (*Chanson de Roland*, v. 1620)

2. La *merveille*, fondamentalement, fait écart par rapport à la norme ; elle réfère à une altérité soit temporelle, soit géographique (exotique, orientale...), soit culturelle (celtique notamment). En outre, dans les romans dits « antiques » du XIIe siècle (*Eneas*, *Thèbes*, *Troie*) apparaît un type de *merveille* « naturelle » ou « technique » procédant du savoir humain (armes prodigieuses) ou des ressources extra-ordinaires de la nature (poissons ou plantes étonnants). Au-delà de cette diversité cependant, la *merveille*, conformément au sens de son étymon, est ce qui produit de l'étonnement ; c'est pourquoi elle implique toujours un point de vue subjectif, un regard qui observe et, éventuellement, un narrateur qui raconte :

> La vegile de quaresme pernant vi une *merveilles* que je vous weil raconter. (*Vie de saint Louis*, § 297)

3. A partir de ces différents sens ont été créées de multiples expressions :

– *a merveille* : « extraordinairement », « prodigieusement » ;
– *tenir / torner a merveille* : « s'étonner » de quelque chose ;
– *avoir merveille* : *idem* ;
– *n'est merveille si* : « ce n'est pas étonnant que » ;
– *c'est merveille* : « c'est incroyable, prodigieux » :

> Par mon chief, ge le vueill savoir, por ce que aucun vont disant que vos en avez tant ocis que *c'est merveille.*
> (*La Mort Artu*, § 3, 15)

Paradigme morphologique

Le paradigme morphologique de *merveille* comprend essentiellement :

• le verbe *soi merveiller*, construit avec une complétive par *que*, ou des interrogatives indirectes (introduites par *quand*, *comment*, *si*, etc.) ;

• les substantifs *merveillance* (assez rare), qui désigne une chose ou une personne étonnante, et *merveilleuseté* (apparu seulement en moyen français), qui signifie « étrangeté » ;

• l'adjectif *merveillable* (fin XIIIe siècle) : « étonnant ».

Évolution

Après le Moyen Âge, le sème d'étonnement recule pour *merveille* ; en revanche, le sème d'admiration se développe et devient dominant à l'époque classique. C'est ainsi que la *merveille* qui était au Moyen Âge une action ou un objet extraordinaire en bien ou en mal, est désormais presque toujours connotée de façon positive. L'expression *faire merveille* en particulier devient uniquement laudative au XVIIe siècle.

L'adjectif *merveilleux* conserve le sens de « surnaturel », « extraordinaire » et, au XVIIe siècle, donne son nom à un nouveau genre littéraire, *le merveilleux*, proche de notre littérature fantastique. Sous le Directoire et la Convention de Thermidor apparaissent ensuite les *Merveilleux* et les *Merveilleuses*, célèbres pour leur excentricité. Aujourd'hui, sous l'influence certainement du substantif, *merveilleux* est le plus souvent employé dans un sens laudatif.

Mestier

Étymologie

A basse époque, on pense qu'une fusion s'est opérée entre les deux substantifs latins *ministerium* (< *minister* : « ministre ») : « fonction de serviteur, service, fonction », et *mysterium* : « secret », « célébration rituelle » ; cette fusion, facilitée par la proximité phonétique et sémantique des deux termes (chacun peut en effet référer au service religieux), serait à l'origine du substantif *mestier* en ancien français.

Ancien français

1. *Mestier* apparaît au IXe siècle, dans la *Cantilène de sainte Eulalie*, sous la forme *menestier*, avant de devenir *mistier* (Xe siècle), puis *mestier* (XIe siècle). Il est alors utilisé pour désigner le « service divin » (*lo Deo menestier*) puis, par extension, la « fonction », le « service », quels que soient le domaine concerné et sa noblesse. Ainsi, l'expression *fame de mestier* peut désigner la « courtisane », et le *bas mestier*, le « jeu d'amour », mais l'on peut aussi parler de *mestier* à propos de la tâche du monarque.

2. Dès le Moyen Âge, *mestier* peut aussi renvoyer à la profession, et, en particulier, à l'art que pratique une corporation (ce dernier terme n'apparaissant qu'au XVIIe siècle) ; il existe d'ailleurs un *Livre des Mestiers* écrit en 1268 par Étienne Boileau, dans lequel, pour la première fois, le terme est utilisé dans son sens actuel. Ensuite, par extension, on passe de ce sens concret à un sens abstrait : « savoir-faire », « technique », d'où l'expression *savoir mestier* : « être habile dans son art » (pensez aujourd'hui à l'expression *avoir du métier*).

3. Enfin, et surtout, *mestier* retrouve en ancien français, dès la *Chanson de Roland*, un sens acquis en latin médiéval : le « besoin », « l'utilité », ce qui donne lieu à de nombreuses et fort communes locutions :

– *avoir mestier* (de qqch ou + infinitif) : « avoir besoin » (de qqch ou de faire qqch)

> S'avez *mestier* de mun servise
> A vus revendrai volentiers. (*Éliduc*, v. 638-639)

– *avoir mestier a qqn* : « être utile à qqn »

> Ne lui *avoit mestier* parage
> ne hardement ne vasselage. (*Eneas*, v. 15-16)

– *estre de mestier* : « être nécessaire ».

NB : par métonymie, *mestier* peut aussi désigner tout objet présentant une quelconque utilité, notamment dans le domaine technique (un peu à la façon de l'ustensile aujourd'hui) ; nous avons conservé en ce sens l'expression *métier à tisser* (« l'objet utile pour tisser »), mais le terme pouvait s'étendre à bien d'autres activités au Moyen Âge.

Paradigme sémantique

Au sens de « nécessité », les principaux concurrents de *mestier* en ancien français sont les termes *besoing* et *besoigne* (du francique **bi-sunni* : « soin, besoin », lui-même formé sur le francique **sunnja* : « souci »). On retrouve en particulier *besoing* dans les expressions suivantes :

– *estre besoing* : « être nécessaire » ;
– *avoir besoing de* : « avoir la nécessité de » ;
– *a besoing* : « au besoin ».

L'expression du besoin peut aussi s'exprimer à l'aide de la locution verbale *estre ués* et des verbes *estovoir*, *faillir* et *besoigner* ; cela dit, bien que ces verbes et expressions soient sémantiquement proches, notez, d'un point de vue grammatical, que les quatre formulations ci-dessus sont utilisées de façon impersonnelle alors que *avoir mestier* demande une construction personnelle, autrement dit, suppose un sujet animé qui éprouve le besoin et un objet représentant le besoin en question :

> Et por le vin et por la char,
> vos donromes chargié un char
> ou plus, se fere le *besoigne*. (*Perceval*, v. 2551-2553)
>
> Les prisons et les chevax rant
> et si les baille maintenant
> a ces qui *mestier* en avoient. (*Perceval*, v. 2451-2453)

Enfin, au sens moderne de « profession », « art », le mot *professiun* est au Moyen Âge un « faux-ami » puisqu'il désigne une « déclaration publique », et ne prendra son sens actuel qu'au XVe siècle.

Paradigme morphologique

Le substantif *mestre* (« celui qui exerce le *mestier* ») désigne l'homme qui emploie au Moyen Âge des *apprentiz* et des *vallez* ; quant au doublet savant de *mestier*, *ministere*, il désigne le plus souvent la « charge du prêtre », mais peut aussi être synonyme de *mestier* (il ne se spécialise dans le domaine politique qu'à partir du XVIIe siècle). N'oubliez pas le *menestrel*, issu du bas latin *ministeriale* (« chargé d'un service »), qui désigne plus souvent au Moyen Âge « l'artisan » ou le « serviteur » que le « ménestrel » et, enfin, le *ministre*, emprunté au latin *minister* (« serviteur »), qui peut désigner l'« homme de métier », l'« artisan », mais aussi, et surtout, le « prêtre », « l'homme placé au service de Dieu » (cette spécialisation religieuse perdurant tout au long du Moyen Âge).

Évolution

Après le Moyen Âge, la langue conserve pour *mestier* les sens d'« utilité » et de « besoin », qui restent d'ailleurs très vivants jusqu'au XVIIe siècle inclus avant de disparaître.

Quant au sens courant aujourd'hui (« profession que l'on choisit »), il apparaît dès le XIIIe siècle, mais ne domine (autrement dit, ne passe en tête des définitions du dictionnaire) qu'à partir de 1690.

Norrir

Étymologie

En latin, *nutrire* signifiait « nourrir » un être humain, un animal ou une plante, et, plus précisément, « allaiter » un enfant. Il pouvait aussi signifier « soigner » ou « entretenir » (le corps par exemple) et, de façon figurée, « alimenter », « entretenir » un sentiment.

Ancien français

Nourrir apparaît au XIIIe siècle ; le verbe conserve alors le sens d'« allaiter » et, de façon générale, signifie « élever » un enfant, le soigner, l'éduquer. A l'époque cependant, les dames nobles n'allaitaient pas leurs enfants elles-mêmes, et l'un des enfants du vassal était envoyé au château du seigneur pour y être élevé avec les enfants de ce dernier ; de plus, de nombreux enfants étaient trouvés ou adoptés puis confiés à des parents plus ou moins proches, voire à des étrangers ou à des religieux. C'est pourquoi, le plus souvent, *nourrir* signifie précisément « élever un enfant qui n'est pas le sien » :

> Aussi dit l'abbaesse Ermine
> Qu'elle en voudra estre marrine,
> Et *nourrir* faire le fera. (*Galeran de Bretagne*, v. 1003-1005)

Par extension, dans le contexte féodal, *nourrir* peut aussi s'employer à propos d'adultes ; en effet, quand le seigneur ne pouvait pas donner un fief à ses vassaux, il entretenait auprès de lui, dans son château, ceux qui n'étaient pas *chasés* (« pourvus d'un fief »), autrement dit, il les « nourrissait » en contrepartie de leur service vassalique. Pour récapituler, *nourrir* a donc deux acceptions principales en ancien français :

1. « élever » un enfant, en prenant soin tant de son corps que de son esprit ;

2. « entretenir » un adulte en échange d'un service (vassalique le plus souvent).

Paradigme morphologique

• *Norreture* (XIIe siècle) : ce substantif, issu du bas latin *nutritura* (« action de donner à manger »), signifie au Moyen Âge « action d'élever un enfant » et, par métonymie, « animal » ou « enfant élevé ». Il est fréquemment associé à *nature*, formant ainsi un couple *nature / norreture* comparable à notre couple actuel *nature / culture*. Contrairement à nous cependant, les médiévaux précisent bien souvent que *nature passe norreture*, autrement dit, que l'inné l'emporte sur l'acquis.

• *Norreçon* (XIIe siècle) : le mot, d'abord féminin, est issu du latin tardif *nutritionem*, « nourriture », et signifie « action d'élever, d'entretenir un enfant ou un adulte », « nourriture », « éducation », et, par métonymie, « famille » (dans laquelle est dispensée l'éducation). Au XVIe siècle cependant, il devient masculin et acquiert le sens moderne.

• *Norricier* (XIIe siècle) : d'abord substantif, ce terme signifie « celui qui élève un enfant ». Il devient adjectif au XVIe siècle et acquiert le sens de « qui dispense de la nourriture ».

• *Norrice* (XIIe siècle) : ce mot est issu du latin tardif *nutricia*, féminin de *nutricius* (« qui nourrit », « qui élève »). En ancien français, il est employé comme substantif au sens de « femme qui allaite un enfant » et donne lieu dès le XIIIe siècle à l'expression, conservée aujourd'hui, « mettre un enfant en nourrice ».

Évolution

Nourriture subit une très nette restriction sémantique. A partir du XIIe siècle en effet, on assiste à une rude concurrence entre le sens premier : « élever », « entretenir », et le sens second, plus spécialisé : « fournir des aliments à un organisme ». Après le Moyen Âge, la seconde acception l'emporte, et, dès le XIVe siècle, *se norrir* signifie seulement « ingérer de la nourriture ». Au XVIe siècle, moment de la relatinisation de la langue réapparaissent en outre les sens figurés latins (« former dans son esprit », « méditer » et « alimenter une chose », la « faire durer »). *Éduquer* (rare cependant jusqu'au XVIIIe siècle) et *élever* assument alors les sens perdus de *nourrir*, tandis que le substantif *nourriture* acquiert au XIVe siècle le sens moderne et concret de « ce qui sert à l'alimentation » (le passage au sens abstrait se produisant à la Renaissance) ; il est alors remplacé dans ses sens premiers par *éducation*, *gouvernement* et *institution*.

Outrage

Étymologie

Le terme n'a pas de correspondant en latin classique ; il est formé sur l'adverbe latin (utilisé aussi comme préposition avec l'accusatif) *ultra*, signifiant « au-delà, en avant », auquel on a ajouté le suffixe [-age], très courant en ancien français. Le sème de base est donc celui d'excès, que l'on retrouvera dans toutes les acceptions du terme au Moyen Âge.

Ancien français

1. Au sens premier, l'*outraige* constitue un excès dans le domaine verbal ; quand il est COD du verbe *dire* notamment, on le traduit par « parole outrancière » :

> Et vous qui tant par estes sage
> Ne devez mie dire *oultrage.* (*Galeran de Bretagne,* v. 3815-3816)

2. Avec le verbe *faire*, *outraige* désigne l'« offense », l'« injure » :

> Et dit que cil fait grant *oultrage*
> Qui a homme n'a fame estrange
> Dit villanie ne lesdange. (*Galeran de Bretagne,* v. 7766-7768)

3. En dehors de ces constructions, le terme renvoie à une conduite qui ne respecte pas la mesure, qui s'écarte de la norme morale et courtoise. Ainsi, dans les romans arthuriens, Keu et Gauvain sont les deux principaux personnages liés à la notion d'*outrage*. Plus généralement, le mot connote l'« excès », dans quelque domaine que ce soit, et peut notamment s'opposer au droit :

> Raous a droit, vos en aveiz l'*outraige.* (*Raoul de Cambrai,* v. 722)

NB : on a créé sur ce dernier sens la locution prépositive *a outrage* : « de façon excessive » :

> Ne se sont guaires arresté,
> Ne ne sejournent a *oultrage.* (*Galeran de Bretagne,* v. 6242-6243)

Paradigme morphologique

• *Outrageus* (adj.) : « arrogant, brutal, porté aux excès » ; il est souvent associé à *vilains* et *fol.*

• *Outrageusement* (adv.) : « de façon arrogante, brutale ».

• *Outrer* (verbe) : « dépasser quelqu'un », puis « battre, vaincre les armes à la main » et, par euphémisme, « anéantir ». De ce verbe dérivent le substantif *outrée,* cri de ralliement des voyageurs et pèlerins (« en avant ! »), ainsi que le participe *outré* (en usage adjectival), signifiant « vaincu, battu, mis en déroute ».

• *Outrance* : on trouve ce substantif presque uniquement dans le tour prépositionnel *a outrance*, à la suite des verbes *mener, mettre, combattre, venir*. Ainsi, *mener qqn a outrance* signifie « le conduire au bout de ses forces ».

Évolution

• On note le développement en moyen français de la locution *a outrance* : « sans répit, excessivement ». Il faut cependant attendre le XVIe siècle pour que le substantif *outrance* soit utilisé seul, avec le sens de « caractère de ce qui est exagéré », « excès ».

• Le verbe *outrer* signifie principalement au XVe siècle « passer la mesure », puis, « remplir exagérément, surcharger de travail », et enfin, « accabler, excéder ».

• *Outré*, lui, signifie en moyen français « excessif » et, conformément au sens du verbe *outrer*, « accablé, excédé ».

• *Outrage* et *outrager* (verbe apparu au XIVe siècle avec le sens de « blesser », physiquement, puis moralement), perdent peu à peu le sème d'excès : *outrage* prend au XVIe siècle un sens moral (« acte gravement contraire à un principe »), puis, au XVIIe siècle, désigne le « tort moral causé par un manque de respect ». Autrement dit, on garde le sens médiéval d'offense, mais on perd celui d'excès, assumé par *outrance*. Enfin, au début du XIXe siècle, dans le Code pénal, l'*outrage* désigne le « délit par lequel on met en cause l'honneur d'un tiers », sens qui, hors du contexte juridique, annonce celui d'aujourd'hui : « acte ou parole gravement contraire à une règle » (exemple : *outrage aux bonnes mœurs*).

Painne

Étymologie

Painne est issu du latin classique *poena, am*, qui signifie « rançon destinée à racheter un meurtre », puis, par extension, « punition », « châtiment », « réparation ».

En latin impérial, les sens juridiques initiaux donnent lieu à de nouveaux sens dans la langue courante : « souffrance » et « chagrin ».

Ancien français

Le sème de souffrance demeure, mais le mot peut recouvrir des acceptions différentes (les orthographes étant elles aussi assez variables : *painne*, *poinne*, etc.) :

1. « Châtiment » « souffrance infligée » :

– dans un contexte religieux, la *peinne* désigne la punition infligée pour l'expiation des péchés en enfer ;
– dans un contexte juridique, la *peinne* désigne le châtiment infligé par la justice laïque ou ecclésiastique. Ainsi, dans les *Coutumes du Beauvaisis*, Philippe de Beaumanoir évoque la *painne d'argent*, la *paine de cors*, mais aussi la *mortel painne* et la *painne capital*, pour désigner respectivement les châtiments pécuniaires, corporels et mortels.

NB : au Moyen Âge, les peines d'enfermement sont rares car on n'a pas assez d'argent pour nourrir les criminels ; c'est pourquoi on privilégie les peines physiques ou les amendes.

2. (Sens habituel) « douleur », « souffrance » :

Painne, comme *duel* et *dolur*, peut désigner une souffrance physique ou morale ; ainsi, dans un contexte amoureux ou / et courtois, le mot réfère à la douleur des amants dont les amours sont contrariées, mais il peut aussi, dans un contexte bien différent, référer à la « tâche » ou au « labeur ».

A partir de ce sens se développent en ancien français de nombreuses locutions verbales : *estre en painne, sofrir painne, trere grant peinne* et *entrer en male peinne* : « souffrir ».

3. « Souffrance que l'on s'impose pour parvenir à un résultat » ; « effort » :

A partir des sens précédents, un sens un peu différent se développe en ancien français pour le mot *peinne*, qui désigne alors l'« effort pénible », la « souffrance que l'on s'impose en vue d'obtenir un résultat ». Ainsi naissent de nombreux syntagmes et expressions :

– *se metre en painne, estre en painne* (« faire un effort ») ;
– *por nule paine* (« à aucun prix, en dépit de tous les efforts ») ;
– *avoir sauve sa peine* (« ne pas perdre le fruit de ses efforts ») ;
– *perdre sa peine* (« perdre le fruit de ses efforts »).

4. La locution *a painne* :

Dans cette locution, *a* signifie « avec », et *painne* désigne la douleur physique ou morale (sens 2). Néanmoins, dès le Moyen Âge, le sens de *painne* peut s'affaiblir au sein de cette expression, qu'il faut alors traduire par « péniblement », « difficilement », la locution *sans peine* signifiant quant à elle « facilement » :

> Mes ki ne mustre s'enferté,
> *A peine* en peot aveir santé. (*Guigemar*, v. 481-482)

Paradigmes

• Morphologique : *peinner* et *soi painner* signifient « travailler », « faire des efforts ».

• Sémantique : au sens de « châtiment », *painne* est synonyme de *amende* ; au sens de « douleur physique ou morale », il se rapproche des substantifs *dolor*, *mal*, *angoisse* ; enfin, au sens de « douleur morale », il a pour concurrents *duel*, *corroz*, *ire*, *enui*, *tristesce*, *desconfort*...

Évolution

• Lorsque *painne* est employé dans un contexte juridique, le sens de « châtiment » demeure aujourd'hui fort vivant : *peine capitale*, *peine de prison*, *lourde peine*, *peine de substitution*, etc. ; notez aussi l'apparition de l'expression *à peine de* ou *sur peine de*, au XVIIe siècle, devenue aujourd'hui *sous peine de*.

• Dans le domaine psychologique en revanche, comme la plupart des mots évoquant un sentiment, *peine* a perdu beaucoup de sa force expressive : après le XVIIe siècle, le sens est allé s'affaiblissant, et de nos jours, le mot *peine* ne désigne plus qu'une « tristesse légère », une « insatisfaction », au point que l'expression *avoir peine à*, qui signifiait au XVIIe siècle « éprouver une affliction intense », signifie simplement désormais « éprouver de la difficulté à ».

• Afin de désigner la souffrance physique, le substantif *peine* reste surtout dans l'expression (vieillie cependant) *homme de peine*. En revanche, aux sens d'« effort », « fatigue », le mot s'est fortement développé (*prendre de la peine*, *se donner de la peine*).

• Quant à la locution *à peine*, elle a toujours le sens de « difficilement », « avec peine », dans la tragédie du XVIIe siècle. Cependant, dès le XIVe siècle se développe une autre acception : « tout juste », « pas encore tout à fait », qui l'a emporté en français moderne (notez en outre le développement d'un sens aspectuel et / ou temporel en français moderne, pour indiquer que l'action exprimée par le verbe vient tout juste de commencer ou de se terminer).

Paistre

Étymologie

L'étymon latin de *paistre*, *pascere*, possède trois sens principaux en latin classique :

– « faire paître les animaux domestiques », « élever des animaux » ;

– « nourrir, alimenter, servir à table », d'où « repaître », « régaler » ;

– de façon figurée : « développer », « faire grandir » (un sentiment, de l'argent, etc.).

De plus, quand, après l'époque classique, le déponent *pascor* disparaît, ses acceptions (« paître », « brouter », « manger », « se nourrir »), sont récupérées par *pascere*.

Ancien français

Paistre est très fréquent en ancien français ; il recouvre quatre acceptions différentes :

1. « Donner de la nourriture à un animal », souvent en binôme avec les verbes *abrevier* (« faire boire »), et *colchier* (« faire coucher »).

2. « Donner de la nourriture à un être humain », souvent en binôme avec les verbes *abrevier*, *vestir*, et *herbergier*.

NB : la forme réfléchie est elle aussi fréquente ; ainsi, *soi paistre* : « se nourrir ».

3. « Brouter », quand le verbe a pour sujet un animal herbivore, et pour COD *erbe*, *erbete*, etc., puis, par extension, « conduire les animaux en un endroit où ils peuvent brouter ».

4. « Rassasier », « combler », soit en construction transitive directe, soit en construction réfléchie.

Paradigme morphologique

Dans le paradigme de *paistre*, on trouve les verbes *repaistre*, où le préfixe *re* recouvre une valeur itérative ou intensive, et *pasturer* (« paître »), ainsi que les substantifs *pasture* (« lieu où l'on va paître », puis « nourriture ») et *pasturage* (« action ou droit de faire paître les animaux », puis, à partir du XIIIe siècle, « lieu où l'on fait paître les animaux »). Notez en outre que l'on forme à partir du substantif *pasture* les locutions *aler en pasture* et *prendre pasture*, toutes deux synonymes du verbe *pasturer*.

Paradigme sémantique

Il est intéressant de comparer *norrir* à *paistre*, en signalant que le premier appartient au champ lexical de l'éducation des enfants et de l'élevage des animaux, alors que le second appartient au champ lexical de l'alimentation corporelle, qu'elle soit animale ou humaine.

Évolution

Le verbe *paistre* subit une lente érosion du Moyen Âge au XXe siècle : à partir du XVIe siècle, *paistre* et *se paistre*, vieillis pour les humains, ne sont plus employés que pour les animaux, en raison notamment de la concurrence du verbe *manger*. Aujourd'hui, après une nouvelle restriction de sens, les deux verbes sont réservés aux animaux herbivores et, sur le plan syntaxique, n'acceptent plus que la construction intransitive.

NB : concurrencé par *se rassasier* depuis l'époque classique, *se repaître* est beaucoup moins employé aujourd'hui (exception faite de son participe passé *repu*). Quant à *pâturage*, *pâture* et *pâturer*, ils ont seulement survécu dans le vocabulaire de l'élevage, hormis dans l'expression *jeter en pâture*.

Palais

Étymon

Palatium est le nom latin du mont Palatin, sur lequel Auguste avait fait construire sa maison ; celle-ci prit alors elle aussi le nom de *palatium*, qu'elle donna par la suite aux demeures successives des empereurs romains. C'est donc ce nom propre qui, à l'origine, fut employé dans les langues romanes pour désigner les maisons royales (cf. *palazzo* en italien et *palacio* en espagnol).

NB : dès l'Antiquité, les poètes désignaient par ce nom le palais céleste des dieux, mais il fallut attendre le Moyen Âge pour que s'effectue une véritable évolution dans l'emploi du terme.

Ancien français

Après la dislocation de l'Empire romain, dans chaque monarchie, les rois ont un *palais*. Dans la *Chanson de Roland*, c'est le cas de Charlemagne à Aix-la-Chapelle, mais aussi de l'émir Baligant à Saragosse. A Paris aussi, les rois logent dans le *Palais* de l'île de la Cité ; mais, au XIIIe siècle, quand ils émigrent au Louvre, le Parlement seul occupe l'édifice, où il rend la justice : c'est cet événement qui donne lieu à l'expression « Palais de Justice », encore utilisée aujourd'hui.

Dans les textes médiévaux, le *palais* se caractérise fréquemment par son luxe et sa beauté ; il est également fort souvent associé à la lumière, au faste, au gigantisme, et parfois à l'Antiquité, en souvenir peut-être de son prestigieux modèle romain :

> Les tors virent et les maisons, [...]
> *Les bons palais qui resplendoient*
> Et les aigles qui reflamboient. (*Bel Inconnu*, v. 2780-2783)

> Gardés ja ne vos retornés
> Des qu'en mi liu de la cité,
> U vos verrés d'antiquité
> Un *palais molt grant et marbrin*. (*Ibid.*, 2810-2813)

Paradigme sémantique

Il semble exister une distinction originelle entre le *chastel*, asile protecteur et lieu d'habitation du seigneur (dans une perspective qui est donc plutôt féodale), et le *palais*, réservé semble-t-il au souverain, et beaucoup plus luxueux. Ainsi le *chastiel* renverrait-il davantage à l'idée de « place forte » (avec notamment la présence des tours), tandis que le *palais* évoquerait plutôt le luxe et la beauté. Cela dit, vers la fin du Moyen Âge, l'ambiguïté augmente, et l'aménagement par Charles V du *château* du Louvre prouve une certaine confusion dans les esprits entre ces deux types d'édifices.

Paradigme morphologique

Notez surtout l'adjectif *palecin* (issu de l'adjectif latin *palatinus*), qui qualifie en ancien français les barons les plus élevés (c'est-à-dire ceux qui étaient originellement les familiers du palais de Charlemagne), avant de disparaître en moyen français, remplacé par *palatin*, lors de la vague de relatinisation du français. Ce dernier adjectif se spécialise par la suite pour les *comtes palatins* de l'Empire germanique, à cause de la concurrence italienne de *courtisan*.

NB 1 : le terme *paladin* est un emprunt purement littéraire à l'italien du XVIe siècle, où le mot *paladini* au pluriel désignait les compagnons de Charlemagne présents dans les poèmes chevaleresques italiens (ceux de l'Arioste notamment).

NB 2 : *Palace* est un mot anglais emprunté à l'anglais en 1905, au sens d'« hôtel luxueux ».

Évolution

Au XVIe siècle les rois quittent le château du Louvre pour venir s'installer aux Tuileries, qui prend alors le nom de *Palais des Tuileries*. Puis, sous l'influence italienne, tout édifice considérable et luxueux tend à être appelé *palais*, même si le souverain ne s'y trouve pas (cf. au XVIIe siècle le *Palais du Luxembourg* et le *Palais Cardinal*, qui tient son nom de son constructeur, le cardinal de Richelieu, et deviendra en 1643 le *Palais Royal*).

Au XVIIIe siècle on construit le *Palais Bourbon*, puis, aux XIXe et XXe siècles, le *Palais de l'Industrie*, le *Petit* et le *Grand Palais*, le *Palais de la Découverte*... On voit ainsi que le terme *palais* s'étend, servant désormais à désigner tout édifice, sinon luxueux, du moins imposant par ses dimensions.

Partir

Étymologie

Partir vient du bas latin **partire*, lui-même issu du latin classique *partiri* signifiant « séparer », « diviser », « partager ».

NB : il était très fréquent que les verbes déponents en latin classique deviennent en bas latin des verbes du premier groupe, plus faciles à conjuguer.

Ancien français

Le verbe *partir* conserve le sème de séparation et de départ présent dans son étymon. Nous l'étudierons ici en fonction de sa construction, transitive ou intransitive.

1. Partir transitif

C'est la construction la plus ancienne ; *partir* conserve alors le sens latin originel (« séparer », « partager »), et a pour rude concurrent le verbe *deviser* (voir la fiche) :

> Ki la bucle purrat ovrir
> Sanz depescier e sanz *partir*
> Il li prie que celui aint. (*Guigemar*, v. 573-574)

2. Partir intransitif

Plus tardive, cette construction n'apparaît en français qu'au XIIe siècle. Le verbe est alors suivi de la préposition *de* et s'emploie très fréquemment à la forme pronominale, dans des tournures du type *se partir de qqn* ou *de qqch* :

> La damoisele dont je *parti* comme vilains. (*Bel Inconnu*, v. 3120)

> D'iloec *se part*, celui desfie,
> Mut li peise qu'il lait s'amie. (*Guigemar*, v. 855-856)

Dès cette époque, *partir* s'emploie au sein de l'expression euphémistique *partir de cest siècle*, qui signifie « mourir » ; mais il peut également avoir un sens abstrait dans le vocabulaire courtois, *soi partir d'amors* signifiant « renoncer à l'amour ».

A partir de la fin du XIIe siècle, *partir de* a aussi le sens de « provenir de » en parlant de choses concrètes (mais le passage au sens abstrait aura lieu, comme toujours, beaucoup plus tard, au XVIe siècle).

Enfin, signalons deux expressions plus marginales mais bien représentées dans les textes de l'époque : *soi partir d'aventures périlleuses* (« se tirer d'affaires »), que l'on rencontre par exemple chez Froissart, et *soi partir de qqn* au sens d'« être partisan de qqn ».

NB : il faudra attendre la fin du Moyen Âge pour que *partir* puisse être utilisé de façon absolue au sens de « s'en aller », comme c'est le cas en français moderne.

Paradigme morphologique

Dans le paradigme, on note la présence de substantifs tels que *part* (du latin *pars, partem*), qui possède déjà son sens actuel, et *partie* (part. passé fém. du verbe *partir* substantivé au début du XIIe siècle), qui désigne l'« élément d'un tout » (au sens concret ou abstrait). Cela dit, il faut surtout retenir les deux composés de *partir* que sont *repartir* et *departir* :

- *repartir* (apparu au XIIIe siècle) : « distribuer » (sens conservé en français moderne) ;
- *departir* : un peu plus ancien (XIe siècle), ce verbe a lui aussi le sens de « partager », « répartir », hérité du latin *partire*, tandis que son déverbal *depart* signifie logiquement « répartition » et a pour synonyme en ancien français le terme *departement* :

> De sun bienfait li mercïa,
> E il les prisuns li livra ;
> As autres *depart* le herneis. (*Eliduc*, v. 257-259)

- en emploi absolu, *departir* signifie « trancher une cause » et, en emploi intransitif, « se séparer, se disperser » :

> A cele feiz remest issi,
> tant ke la feste *departi*. (*Bisclavret*, v. 211-212)

- enfin, à la forme pronominale, *sei departir* prend le sens de « se séparer », « se détacher » :

> Desur le munt les enfuïrent,
> et puis a tant *se departirent*. (*Deux Amants*, v. 249-250)

Évolution

En moyen français, *partir* perd peu à peu son sens originel (« partager »), qu'il laisse à ses deux principaux composés vus à l'instant, *repartir* et *departir* ; c'est pourquoi on éprouve le besoin de former d'autres termes fondés sur le nouveau sens principal de « partir » (« s'en aller ») : *partement* (XVe siècle), *partance* (XVIIe siècle), que l'on a seulement conservé dans la locution prépositionnelle *en partance*, et, surtout, *départ*, qui, au XVIe siècle, quitte le verbe *départir*, pour rejoindre les sens de *partir*.

A la fin du Moyen Âge, *départir* garde son sens de base (« distribuer ») mais acquiert « en prime » celui de *partir*. On l'emploie d'ailleurs encore en ce sens aujourd'hui à la voix pronominale dans des expressions le plus souvent négatives du type *se départir de ses idéaux, ne pas se départir de son sang-froid,* etc.

Enfin, il faut noter, à la fin du XIVe siècle, la création du verbe *partager*, formé sur *partage*, afin de remplacer *partir* dans ses sens anciens ; quant à *répartir*, il s'enrichit alors de nouveaux sens, avec notamment la distinction nouvelle permise par l'accent entre le verbe *repartir* où le préfixe marque le caractère itératif de l'action, et *répartir*, qui conserve les sens anciens du verbe.

Penser

Étymologie

Penser est un emprunt au latin *pensare*, fréquentatif de *pendere*, qui signifie « peser ». En bas latin, sans doute par le biais d'une image du type « peser le pour et le contre », apparaît le sens de « réfléchir », « évaluer », « penser ».

Ancien français

Le verbe *panser* avec un [a] apparaît dans la langue au Xe siècle, tandis que la forme *penser*, avec un [e], apparaît au XIIe siècle ; cela dit, et ce point est très important, il n'existe aucune distinction sémantique entre *penser* et *panser* avant l'époque classique : tous deux peuvent référer à une activité intellectuelle *et* à une activité matérielle. Pour notre étude, il convient donc de choisir un plan qui soit fonction de la construction, et non de l'orthographe du verbe.

1. *Penser* (intransitif) : sens uniquement intellectuel (« méditer », « réfléchir ») :

> Quant ceo ot dit, si suspira,
> Enprés se jut, et si *pensa*. (*Equitan*, v. 89-90)
>
> De son grant duel li remembrot,
> Sun chief et son vis en baissot,
> Forment comencet a *penser*. (*Chaitivel*, v. 183-185)

NB : *penser* conserve de son étymon la notion de poids, de douleur ; le plus souvent, il s'agit donc de pensées pesantes et pénibles, comme le montrent d'ailleurs la rime *suspira* / *pensa* dans la première occurrence et l'allusion au *duel* (« douleur ») dans la seconde.

2. *Penser* (transitif indirect) : construit avec les prépositions *a* ou *de* suivies d'un nom ou d'un infinitif :

– sens intellectuel : « songer à », « méditer sur » :

> Mes je vous dirai que je *pense* a faire. (*Vie de saint Louis*, § 612, 1)
>
> Si vous pri, fet il, que vous y *pensez*. (*Ibid.*, § 419, 10)

– sens matériel : « prendre soin de », « panser » :

> Lors *pensent* des plaies Lancelot et metent sur ce qu'il cuident qui bon li soit. (*La Mort Artu*, § 158, 29)
>
> Dex, dist Guillelmes, comme or sui bien armé !
> Por Deu vos pri que des autres *pensez*. (*La Prise d'Orange*, v. 958-959)

3. *Penser* (transitif direct), suivi d'un nom ou d'une proposition complétive :

– sens intellectuel : « songer à, analyser » :

> Et *pensoie* que se le roy s'en venoit en France, que je m'en iroie vers le prince d'Antioche. (*Vie de saint Louis*, § 431, 4)

– sens matériel : « prendre soin de, panser »

4. *Soi penser* : sens uniquement intellectuel (« réfléchir ») :

> Quant les Templiers virent ce, il *se penserent* que il seroient honniz. (*Vie de saint Louis*, § 219, 2)

Paradigme morphologique

• *Pensif* : « préoccupé » ; synonymes : *corrociez, iriez, dolent*.

• *Pensement* : « pensée, méditation » jusqu'à l'époque classique et, à partir de la Renaissance, « soin », « pansement ».

• *Pensé* et *pensée* : « ce qui est pensé » d'où la locution *avoir en pensée* : « avoir l'intention », « projeter ».

• *Apenser* : « penser, imaginer » (déverbal *apens* : « pensée, réflexion », et participe passé *apensé* : « prudent »).

• *Porpenser* : « réfléchir, méditer » (déverbal *porpens* : « réflexion, méditation »).

NB : pour la petite histoire, sachez que le nom de la fleur *pensée* se rattache lui aussi au paradigme morphologique du verbe *penser* : au XVe siècle en effet, on commença à nommer ainsi ce végétal qui, dans l'imaginaire médiéval, était symbole du souvenir.

Paradigme sémantique

Il convient de rapprocher *penser* de *cuidier* et de *croire*, en précisant que *cuidier*, issu du latin *cogitare*, signifie plus précisément en ancien français « penser à tort », « s'imaginer », et que *croire*, issu du latin *credere*, se traduit précisément par « faire confiance à », « ajouter foi à ». Autrement dit, les trois verbes peuvent référer à une activité mentale mais possèdent des nuances différentes. De plus, *croire* et *cuidier*, contrairement à *penser*, ne contiennent pas le sème de douleur, de chagrin, et, surtout, ne peuvent évoquer une activité matérielle.

Évolution

Jusqu'au XVIIe siècle, *penser* et *panser* sont rigoureusement synonymes ; après cette date en revanche, il y a séparation en deux paradigmes : *panser* assume le sens matériel, et *penser*, le sens intellectuel.

Aujourd'hui, *penser* conserve les sens médiévaux, même si le sème de douleur n'apparaît plus aussi clairement, tandis que *panser* s'est restreint au domaine médical et, plus précisément, aux soins apportés à une blessure.

Enfin, tandis que les substantifs *pansement* et *pensée* se sont respectivement spécialisés dans les domaines matériel et intellectuel, *porpenser*, *apenser* et leurs dérivés ont disparu au XVIe siècle.

Piece

Étymologie

L'étymon de *piece* est un terme de latin médiéval *petia*, forme latinisée du gaulois **pettia*, dont les sens de base étaient sans doute « fragment », « morceau ».

Ancien français

Le sens de « morceau », « fragment détaché d'un tout qui n'est pas nombrable », subsiste en ancien français, mais il faut distinguer ici le sens spatio-temporel des autres sens :

1. Sens : « fragment détaché d'un ensemble », « morceau » :

> A une *piece* d'un suen laz
> un gros anel li lie al braz. (*Fresne*, v. 127-128)

NB : On trouve fréquemment ce terme dans les récits de combats, notamment au sein de la locution verbale *voler en pieces*, utilisée à propos de la lance de bois qui vole en éclats lors d'un choc.

Parmi les syntagmes fréquents en ancien français, retenez *piece de terre*, puis, à partir du XIIIe siècle, *piece de vin* (pour désigner une partie de la récolte d'une année), *piece de monnaie*, etc. Enfin, à partir de la fin du XIIIe siècle, *piece* peut désigner le « morceau de tissu » que l'on coud sur un habit pour dissimuler un trou, d'où le verbe *rapiecer* (le terme *empiècement* n'apparaissant dans le vocabulaire des couturiers qu'au XIXe siècle).

2. Sens spatial et temporel :

Même si les occurrences sont rares, *piece* peut désigner en ancien français la distance parcourue ou à parcourir, *i.e.* un « fragment de l'espace » :

> Mes ostex n'est mie si pres
> Ainz est grant *piece* ça avant. (*Chevalier de la charrete*, v. 2274-2275)

En revanche, le sens temporel est très fréquent en ancien français, où l'on parle de *piece de tens*, puis de *piece* tout court (cf. un « bout de temps » en français moderne). Ainsi forme-t-on un grand nombre de locutions :

– *grant piece* : « long moment », puis « longtemps » ;

– *a chief de piece* : « après un certain temps » ;
– *a piece*, ou *de piece* : « pendant un moment », « avant un certain temps » (suivant le temps du verbe) ;
– *piece a*, *grant piece a*, *mout a grant piece* : « il y a longtemps », « jadis » ;
– *pieça* : même sens (il s'agit en fait du substantif *piece* et du verbe avoir accolés).

NB : en ce dernier sens, *piece* est encore utilisé en moyen français, notamment chez Villon, mais son emploi se raréfie au XVIe puis au XVIIe siècle et Furetière ne le mentionne plus : *pièce* est alors éliminé par *moment*.

Évolution

La rude concurrence de *moment* fait perdre à *piece* son sens temporel après le Moyen Âge ; en revanche, en dépit d'une autre rude concurrence, celle du substantif *morcel* (terme dérivé du verbe *mordre*), qui désigne littéralement le « morceau arraché à un ensemble » et en particulier la « bouchée » que l'on emporte en mordant dans un quartier de viande, *pièce* reste aujourd'hui un terme très fréquent qui possède deux sens principaux :

1. « Élément d'un ensemble » : pièces d'un puzzle, d'un jeu d'échecs, d'un service de table, etc. Pensez aussi aux pièces détachées, aux pièces d'un dossier, d'une maison ou d'un appartement (XVIIe siècle), et aux locutions *de toutes pièces* et *tout d'une pièce*.

2. « Élément autonome (sans référence à un ensemble) » : ce glissement sémantique s'opère en moyen français, moment où l'on perd le sentiment que les *pièces* appartiennent à un tout cohérent. Durant la période classique apparaissent ainsi la *pièce d'eau*, la *pièce en vers* et, surtout, la *pièce de théâtre*. Par la suite, l'époque moderne a développé les emplois de *pièce* dans le domaine commercial et industriel : *travailler*, *être payé à la pièce* (XIXe siècle).

NB : aujourd'hui, *piece* ne peut plus désigner que des inanimés ; cependant, à l'époque classique, une *belle pièce* était une « personne rusée et malicieuse », et au XVIIIe siècle, on appelait *pièce d'Inde* un « esclave dans les colonies ».

Plaisir (le vocabulaire du)

deduit, delit, deport, plaisir, soulaz

Présentation

Le vocabulaire du plaisir est riche en ancien français, notamment dans le domaine amoureux, ceci s'expliquant aisément par l'abondante production lyrique et romanesque ayant pour thème l'amour courtois, appelé au Moyen Âge *fine amor*. Une étude exhaustive du vocabulaire du plaisir devrait prendre en compte les substantifs *joie* et *druerie* ; cependant, ces deux termes ayant été étudiés par ailleurs, nous nous contenterons ici de les citer, et nous nous limiterons à la liste suivante : *deport*, *deduit*, *delit*, *plaisir* et *soulaz*.

Étude du corpus

• ***Deduit*** apparaît au XIIe siècle ; il est le participe passé substantivé du verbe *deduire*, lui-même issu du latin classique *deducere* (« faire descendre », « emmener », « soustraire »). En ancien français, conformément au sens de son étymon latin, *deduire* signifie « mener », « conduire » ; *soi deduire* signifie en particulier « s'éloigner ». Très vite cependant, suivant une évolution semblable à celle du verbe *distraire*, *deduire* prend le sens de « divertir », tandis que *deduit* signifie uniquement « divertissement », « plaisir ». On trouve ainsi dans les textes l'évocation du *deduit de chasse*, l'un des divertissements favoris de la noblesse, mais aussi du *deduit de pucelle*, dans un contexte érotique :

> Mut ot Lanval *joie* e *deduit* :
> U seit par jur u seit par nuit,
> S'amie peot veeir sovent. (*Lanval*, v. 215-217)

• Proche par le sens de *deduit*, le substantif ***deport*** apparaît lui aussi au XIIe siècle ; il est le déverbal de *deporter*, lui-même issu du bas latin *deportare* (*de* marquant l'éloignement et *portare* signifiant « porter »). En ancien français, *deporter* peut signifier « ménager », « supporter » ; néanmoins, le sens usuel est « distraire », « divertir », notamment lorsque le verbe est à la forme pronominale ; ainsi, *soi deporter* a généralement le sens de « se divertir, se distraire », même si ceux de « se conduire », « se détourner », « renoncer » apparaissent également au Moyen Âge. Ce sème de distraction réapparaît d'ailleurs dans le déverbal *deport*, qui signifie précisément « jeu », « distraction », « divertissement », « plaisir », de même que son synonyme *deportement*, apparu au XIIIe siècle :

> A grant *joie* et a grant *deport*
> Cevaucierent tant qu'il i vinrent. (*Jehan et Blonde*, v. 178-179)

• ***Delit*** est également un déverbal, tiré de *delitier*, verbe issu du bas latin *delictare*, lui-même fréquentatif du latin classique *deligere* (« aimer »). Au Moyen Âge, *delitier* signifie « charmer », « donner du plaisir », et s'emploie fréquemment à la voix pronominale au sens de « prendre du plaisir », « être charmé par » ; son déverbal *delit* signifie donc logiquement « plaisir », « jouissance », et a pour synonyme le substantif *delice*, directement issu du latin classique *delicium*. Il apparaît le plus souvent dans un contexte érotique :

> ... Ceo li est tart
> Que s'amie puisse tenir,
> Baisier acoler e sentir ;
> L'autrui *joie* prise petit,
> Si il nen ad le suen *delit*. (*Lanval*, v. 254-258)

• Le cas de ***plaisir*** est un peu différent, puisqu'il s'agit de l'infinitif *plaisir* (devenu aujourd'hui *plaire*), substantivé au XIIe siècle. Il signifie donc précisément « ce qui plaît, qui procure du plaisir », et possède dès lors le sens moderne.

• Quant au substantif ***soulaz***, orthographié parfois *solaz* ou *solas*, il vient du latin classique *solacium*, *ii*, neutre (« soulagement, adoucissement », mais aussi « compensation, indemnité »). En ancien français, *soulaz* conserve les sens de son étymon et signifie tout d'abord « consolation » « réconfort » (en concurrence avec le substantif *confort*). Très vite cependant, il acquiert le sens de « plaisir », « joie », notamment dans le domaine amoureux, et celui de « divertissement, réjouissances », en particulier dans le domaine des festivités de la cour. Il est très souvent coordonné au substantif *delit*, conformément au goût du Moyen Âge pour les couples synonymiques, et a donné lieu au verbe *solacier*, qui possède toutes les nuances du substantif (« consoler », « réjouir, amuser », « caresser ») :

> Ensi parlant antre ses braz
> l'an porte, si a grant *solaz*
> de ce que il l'acole et tient. (*Perceval*, v. 5373-5375)

Or m'est il *solaz* et *deliz*
de tes mançonges escouter. (*Perceval*, v. 8414-8415)

Évolution

• *Déporter* entre à la fin du XVe siècle dans le vocabulaire du châtiment, mais ce sens ne se développe qu'après la Révolution. Le terme perd en tous cas son sème de distraction après le Moyen Âge, entraînant ainsi la disparition du substantif *deport* ; en outre, sur le plan syntaxique, la voix pronominale n'est plus usitée à partir du XVIIe siècle. Notez pourtant que, de façon indirecte, nous conservons aujourd'hui une trace de *deport* par le biais du substantif *sport*, qui apparaît dans la langue au XIXe siècle et provient de l'anglais médiéval *disport* (« amusement », « jeu »), emprunté alors au français.

• *Deduit* conserve jusqu'au XVIe siècle le sens de « plaisir », et notamment « plaisir amoureux », avant de disparaître. En revanche, si le verbe *deduire* perd le sème de divertissement qui lui était attaché en ancien français, il récupère en moyen français le sens de « soustraire » que possédait *deducere* en latin, et acquiert rapidement le sens logique qu'il a conservé en français moderne ; cette nouvelle acception entraîne alors la création d'un nouveau substantif, *déduction*, afin, précisément, d'assumer ce sens « logique ».

• *Delit*, en raison peut-être de la concurrence de *delice*, toujours employé en français moderne, disparaît en moyen français ; le substantif homonyme *délit* conservé aujourd'hui n'a donc aucun rapport avec lui : il est issu du participe passé substantivé *delictum*, de *delinquere* en latin, qui évoque une violation de la loi (pensez au français moderne *délinquance*).

• Enfin, *solaz* et *solacier* disparaissent tous deux à la fin du Moyen Âge, au moment où les philologues, redécouvrant la langue latine, relatinisent le français et créent les termes *consolation* et *consoler*, « calqués » sur la langue de Cicéron. Ce sont ces mots que nous avons conservés en français moderne, privés cependant du sème de plaisir qui existait au Moyen Âge.

Plait

Étymologie

Plait vient du latin *placitum*, participe passé du verbe *placere* signifiant « plaire ». Dès l'époque classique, il est employé au pluriel pour désigner les « dogmes », les « principes », puis « ce qui plaît », « ce que l'on a en vue », d'où, en latin chrétien, le sens de « dessein », « résolution », et « consentement », « pacte ».

A l'époque médiévale, *placitum* prend un sens juridique : « engagement à comparaître devant un tribunal », « réunion », « conférence », puis « séance judiciaire », « litige », « procès ». A la même époque est créé le verbe *placitare* signifiant « tenir un plaid », « assister à un plaid », « comparaître en justice ».

Ancien français

Le champ sémantique de *plait* (substantif masculin) est très vaste en ancien français ; on peut distinguer, pour simplifier les choses, deux grandes familles de sens :

1. Celle qui dérive du latin chrétien : « accord, pacte ».

2. Celle qui dérive du sens juridique créé en latin médiéval.

NB : dans les deux cas, le sémantisme du mot suppose la présence de deux parties.

1. Sens général de « accord », « pacte » :

- « accord », « convention », « traité » (sens présent dès les *Serments de Strasbourg*, en 842) ;
- par extension, « assemblée délibérante qui discute les projets de gouvernement » ;
- « résolution, dessein » (sorte de « pacte passé avec soi-même »).

2. Sens juridiques :

- sous les Carolingiens : « assemblée réunie trois fois par an dans des fonctions judiciaires », puis, sous les Capétiens (à partir de saint Louis) : « juridiction exercée par le roi », et enfin, « cour du roi » ou « cour d'un seigneur », « assises » réunies par ce roi ou ce seigneur et tenant lieu de tribunal ;

– « procès », « querelle juridique », « jugement », d'où les expressions *tenir les plaids* (« tenir audience »), et *rendre plait* (« rendre un jugement ») :

> Trop començates vilein *plait*
> De mei hunir et avillier
> E la reïne ledengier. (*Lanval*, v. 364-366)

– de cette acception semble découler l'un des sens les plus fréquents de *plaid* en ancien français : « querelle, discussion », et « discours, paroles, récit », que l'on retrouve dans les expressions *tenir plaid* (« tenir une conversation ») et *le pleit (plus) aloignier* (« prolonger le récit ») :

> Que vos iroie le *pleit* plus aloignant ? (*La Prise d'Orange*, v. 1846)

Paradigme morphologique

Les dérivés de *plaid* se rattachent presque tous au sémantisme juridique :

• *Plaideor* (XIIIe siècle) : « avocat », « juge », « procureur d'un monastère ».

• *Plaidoierie* (XIIIe siècle) : « plaidoirie » déverbal de *plaidoier*, synonyme de *plaiderie*, déverbal de *plaidier*.

• *Plaidable* (début XIVe siècle) : « que l'on peut plaider ».

• *Plaidier* (fin XIe siècle) : « tenir une audience, une assemblée » (synonyme de *tenir le plaid*), « traduire en justice, plaider », « se porter garant devant un tribunal », « rendre justice », « parler », « prier, supplier ».

• *Plaidoier* (XIIe siècle) : « plaider », « parler », « mettre en cause », « appeler en jugement ».

Paradigme sémantique

• « discours », « conversation » : *parole* (d'où la synonymie des expressions *tenir les paroles* et *tenir plait*), *devise*.

• « assemblée délibérante » : *conseil*.

• « dessein », « projet » : *conseil*, *devise*.

NB : *devise* peut aussi désigner l'« audience » en ancien français, au sens juridique du terme.

Évolution

Le substantif *plait* a vieilli puis disparu après le Moyen Âge, contrairement à ses dérivés ; ainsi *plaider* s'est-il maintenu dans l'usage juridique. Néanmoins, les acceptions « traduire en justice », et « rendre justice » ont disparu, et le verbe n'a conservé que le sens de « défendre une cause devant les juges » (la construction transitive : « plaider une cause », étant apparue au XIIIe siècle). En outre, au XVIe siècle, *plaider* est entré dans le langage courant au sens de « parler en faveur de » (intransitif au XVIe siècle, puis transitif au siècle suivant).

Notez aussi la disparition de *plaiderie* après l'époque classique, et la substantivation de *plaidoier* en moyen français, qui devient ainsi synonyme de *plaidoirie*, tous deux perdurant dans la langue actuelle (cela dit, il semble que *plaidoyer* l'emporte dans la langue courante pour référer à un « discours argumenté », alors que *plaidoirie*, au contraire, domine dans la langue juridique).

Preux et *prodome*

Étymologie

Prosum signifie « je suis utile » en latin classique ; c'est donc la notion d'utilité qui domine alors, et continue de dominer en latin tardif. On forme notamment durant cette période l'adjectif *prodis* (« utile », « profitable »), tiré de l'adjectif *prode*. Celui-ci, attesté depuis le IVe siècle, provient de la dissociation de *prodest* en *prode est*, où *prode* était ressenti à tort comme un adjectif.

Ancien français

Comme en latin, la notion d'utilité domine, mais *pro* peut désormais être substantif (rarement), adverbe (plus souvent) ou adjectif (surtout).

1. Comme **substantif**, *pro* signifie « avantage », « profit », « gain », d'où les expressions :

– *mon pro* : « mon avantage, ce qui est utile pour moi » ;
– *mettre a pro* : « mettre à profit » ;
– *torner a pro* : « tourner à l'avantage (de qqn), se révéler profitable ».

NB : sur un plan purement matériel, le *pro* peut désigner la « recette », le « revenu », le « loyer ».

2. Comme **adverbe,** *pro* est surtout employé dans des tournures négatives ; il signifie « de façon avantageuse », « bien », « beaucoup », « comme il faut » ; ainsi, *ne savoir pro* : « savoir peu de choses ». Il peut aussi prendre une valeur temporelle et signifier « longtemps » : *pro devant l'hiver* (« longtemps avant l'hiver »).

3. Enfin, comme **adjectif,** *pro* signifie, en parlant d'une chose, « utile », « avantageux » et, en parlant d'un homme, « utile à la société », d'où « bon », « excellent », et, à propos d'un chevalier, « brave », « courageux » (qualités par excellence du guerrier au Moyen Âge).

NB 1 : à l'origine, l'homme *preux* est celui qui ne craint pas la mort (il s'agit en général du chevalier), avant que s'opère un glissement vers la notion plus générale de vaillance au combat (*preu* est alors souvent associé à *vaillant*) et s'oppose à sage :

Rollant est *proz* et Oliver est sage. (*Chanson de Roland*, v. 1093)

NB 2 : dans l'univers courtois, *preux* qualifie plutôt l'homme respectueux des valeurs courtoises et sociales, et peut même qualifier une femme (*preuse*) dont on signale la distinction et le caractère honorable (l'adjectif est alors souvent associé à *bele* et *sage*).

Le cas de *Prodome*

Au Moyen Âge, le *prodome* (< *pro d'home*, suivant une construction fréquente et que l'on trouve encore aujourd'hui dans les expressions « coquin de valet », « coquin de sort », etc.) est l'homme de valeur, vertueux, sage et droit. Plus généralement le *prodome* est celui qui possède au plus haut point toutes les qualités de son rang.

Utilisé en attribut, le terme peut se traduire par « brave », « vaillant », mais aussi « expert », suivi alors de la préposition « a » et du domaine concerné. Ainsi, *estre preudome as armes* signifie « être expert dans le maniement des armes.

NB : en général, *prodome* renvoie plutôt aux qualités morales d'un homme ; en revanche, lorsqu'il s'agit de référer à ses qualités guerrières, les auteurs choisissent plutôt l'adjectif *pro*. Quant au terme *proësce*, il peut désigner la qualité de celui qui est *preux*, mais aussi l'acte de bravoure (il est alors à rapprocher du terme *geste* dans l'expression « chanson de geste », où *geste*, issu du latin classique *gesta*, participe passé substantivé neutre pluriel du verbe *gero, ere*, signifie « exploits »).

Évolution

Preux reste usuel jusqu'au XVIIe siècle comme adjectif mais apparaît ensuite quelque peu archaïque ; comme substantif, il vieillit plus vite encore, et n'est plus aujourd'hui qu'un terme de civilisation, de même que son féminin *preuse*. Enfin, il n'est plus utilisé comme adverbe que dans l'expression *peu ou prou*, signifiant « plus ou moins ». Quant à *proësce*, devenu *prouesse*, il continue de désigner aujourd'hui un acte admirable et courageux

Le cas de *preudome* est plus intéressant : en moyen français, la distinction s'accentue entre *preu* (« vaillant »), et le *preudome* (le « sage », voire le « saint », le « vertueux », comme c'est notamment le cas chez Joinville). Au XVe siècle, *preudome* désigne ainsi très souvent celui qui craint Dieu, et les auteurs utilisent ce terme pour insister sur les vertus morales et chrétiennes de ceux qui sont ainsi dénommés. Ensuite, à l'époque classique, le *preudhomme* est l'homme de mérite, et possède dans la langue son équivalent féminin : la *preu de femme*. Signalons d'ailleurs que cette expression a une descendance assez importante, puisqu'il s'agit du substantif *pruderie* et, surtout, de l'adjectif *prude*, encore usuel aujourd'hui. Cela dit, si, au XVIIe siècle, ce dernier mot est uniquement positif et signifie « austère », « vertueuse », il devient par la suite péjoratif par l'intermédiaire de l'expression *fausse prude*, et signifie désormais « qui fait preuve d'une pudeur affectée et outrée ». Enfin, à partir du XIXe siècle, *prodome*, refait en *prud'homme*, devient un terme juridique désignant le membre élu d'un tribunal d'exception dit « conseil des prud'hommes », chargé de régler des conflits professionnels entre employeurs et employés ; sur lui a été forgé l'adjectif *prud'homal* : « qui a rapport aux prudhommes », et le substantif *prud'homie* : « juridiction des prud'hommes ».

NB : Joseph Prudhomme, personnage assez niais créé au XIXe siècle par Henri Monnier, a donné lieu à l'adjectif *prudhommesque* (« niais ») et au nom *prudhommerie* (« niaiserie »).

Prison

Étymologie

Le mot *prison* vient du latin *prehensio, onem*, qui signifie « action de prendre qqch » ou « action d'appréhender qqn ».

Ancien français

1. Comme en latin, *prison* signifie tout d'abord « capture », « action de prendre ». Dès le XIIe siècle cependant, par métonymie, le mot acquiert une nouvelle acception : « état d'un individu en captivité », « captivité », notamment dans la locution *tenir prison*, « être captif » :

> Et Clamadex en la cort antre,
> qui vint *prison* a cort *tenir.* (*Perceval*, v. 2826-2827)

2. Par la suite, le mot peut désigner, comme aujourd'hui, le « bâtiment de la détention », la « prison :

> D'autre part grant joie ravoit
> el chastel, ou sont retorné
> cil qui avoient demoré
> longuement en *prison* trop male. (*Ibid.*, v. 2732-2735)

3. Enfin, et ce sens est fort courant en ancien français, *prison* désigne le « prisonnier » :

> Et de tout ce n'avoient il retour fors dis *prisons* qu'il avoient amenez au chastel a fine force.
> (*La Mort Artu*, § 113, 26)

NB : remarquez la façon dont, contrairement à l'habitude, le mot *prison* a référé à une réalité abstraite avant d'acquérir un sens concret.

Paradigme morphologique

• *Prisonnier* : le mot apparaît au XIIIe siècle avec le sens moderne.

• *Emprisonner* et *emprisonnement* (apparus respectivement aux XIIe et XIIIe siècles) : les deux mots ont leur sens moderne dès l'époque médiévale ; notez cependant la possibilité d'employer *emprisonner* dans un sens figuré, à propos d'inanimés, depuis le XIXe siècle.

• *Préhension* est un emprunt savant à la langue latine effectué au moment de la relatinisation de la langue, en moyen français ; il signifiait d'abord « action de comprendre », mais est ensuite sorti d'usage au profit de *compréhension*.

Paradigme sémantique

- « Captivité » : *cheitiveté*, puis *captivité* (fin du Moyen Âge).
- « Prisonnier » : *prisonnier*, *cheitif*, puis *captif* (fin du Moyen Âge).
- « Lieu de détention » : *chartre*, du latin *carcer*, *eris*, plus usuel que *prison* en ce sens, et *jaiole*, devenu *geôle*, tiré du latin tardif *caveola*, diminutif de *cavea* (« cage »).

Évolution

Nous avons conservé aujourd'hui le sens de « lieu de détention » pour *prison* ; cependant, le mot *prisonnier*, apparu au XIIIe siècle, a supplanté *prison* au sens de « personne en captivité » après la période médiévale ; en outre, les termes empruntés au latin à la fin du Moyen Âge ont éliminé l'acception abstraite de *prison*, remplacé alors par le substantif *captivité*. Enfin, le sens premier, « action de mettre en prison », est assumé depuis l'époque classique par le terme *incarcération*, qui date en fait du moyen français, mais n'est d'emploi usuel que depuis le XVIIIe siècle.

Querre et ses composés

Étymologie

– *Querre* vient du latin classique *quaerere* (« rechercher »).

– *Requerre* est issu du bas latin **requaerere*, altération, d'après *quaerere*, du latin classique *requirere* : « rechercher, être en quête de ».

– *Conquerre* vient du latin vulgaire **conquaerere*, altération, d'après *quaerere*, du latin classique *conquirere* : « rechercher ».

Ancien français

1. En ancien français, *querre* conserve le sens latin (« chercher », « rechercher ») et acquiert, par extension, les sens de « vouloir »,

« désirer », « demander » ; il peut alors être suivi d'un objet concret, abstrait, ou d'un infinitif :

Ja, mon veul, mon mal n'i *querrai*. (*Bel Inconnu*, v. 1238)

... Pucele,
Por tel cose ne *quier* laissier,
Car Dius nos puet molt bien aidier. (*Ibid.*, v. 2552-2554)

NB 1 : Dans tous ses emplois, *querre* est associé à un objectif précis ; il convient donc de le distinguer du verbe *cercier*, qui est issu du latin tardif *circare*, lui-même formé sur la préposition *circa* (« autour de ») ; au Moyen Âge en effet, *cercier* a plutôt, comme en latin tardif, le sens de « fouiller », « examiner attentivement » ; c'est pourquoi on peut *cercier* une forêt.

NB 2 : *querre* est très souvent construit avec un verbe de mouvement (*aler*, *venir*, *enveier*) ; ce détail a son importance, car il annonce déjà le fait que le verbe deviendra défectif par la suite :

Cil les *vont querre* isnelement
Ses aportent hastivement. (*Bel Inconnu*, v. 1383-1384)

2. *Requerre* est essentiellement synonyme de *querre* ; dans un contexte guerrier cependant, il peut aussi signifier « combattre » :

Li descouneüs le *requiert*
De l'espee, si bien le fiert
L'elme li fet del cief voler. (*Ibid.*, v. 3049-3051)

3. *Conquerre* signifie en ancien français « vaincre », quand il est suivi d'un nom de personne (exemple 1), mais aussi « remporter », « acquérir à la suite d'un combat » quand il est suivi d'un substantif tel que *chastel*, *terre,* etc. (exemple 2). Par ailleurs, retenez l'expression *conquerre une querele*, qui signifie « remporter une victoire » :

Conquis m'avez, nel puis noier. (*Bel Inconnu*, v. 1794)
Sor son puig porte l'esprevier
Qu'ele ot *conquis*, si l'ot molt cier. (*Ibid.*, v. 1831-1832)
Bien as *conquise ta querele*. (*Ibid.*, v. 3242)

Paradigme morphologique

• *Queste* (du latin *quaesita*, participe passé féminin substantivé du verbe *quaerere*) signifie « recherche » et apparaît de façon récurrente dans la littérature (pensez notamment à la *Queste del saint Graal*). Il est employé dans la locution prépositionnelle *en queste de* dès le XIIe siècle, et, au XIIIe siècle, désigne des « demandes d'aumône » pour des œuvres charitables (le mot subsiste en ce sens aujourd'hui dans la langue de l'Église, pour la messe).

• *Requeste* apparaît au XIIIe siècle ; il est issu du verbe *requerre* et forgé sur le même modèle que le substantif *queste* ; il a en ancien français le sens courant de « demande instante » et peut être utilisé dès cette époque dans le vocabulaire juridique.

• *Conqueste* est issu du latin vulgaire **conquaesita*, participe passé féminin substantivé ; il signifie « action de conquérir ».

• *Question*, emprunté au latin *quaestio, onis* (« recherche », « enquête », puis « torture », pour interroger un suspect), signifie en ancien français « demande », mais aussi « interrogatoire, enquête judiciaire et torture ».

• *Questionner* apparaît dès le XIIe siècle au sens d'« interroger ».

• Enfin, *questionnaire* est attesté au XVIe siècle mais demeure rare avant le XIXe siècle.

Évolution

– *Querre* est refait en *quérir* au XIVe siècle (*requerre* ayant été refait en *requérir* dès le XIIIe siècle) ; il est concurrencé à partir du XVe siècle par *chercher* et, depuis le XVIIe siècle, est considéré comme archaïque ou littéraire.

– *Requérir* est bien attesté jusqu'au XVIe siècle au sens de « demander qqch », « prier qqn », mais il perd ensuite une partie de ses emplois au profit de *rechercher*. Comme *quérir*, il est vieilli en français moderne au sens de « prier, demander » et demeure usuel dans le vocabulaire juridique (toujours plus conservateur) au sens de « réclamer au nom de la loi », sens attesté depuis le XIIIe siècle.

– Enfin, *conquérir* conserve en français moderne le sens qu'il possédait en ancien français.

Raison

Étymologie

Raison est issu de *ratio, onem*, qui possède en latin classique une très grande richesse sémantique. *Ratio, onem* renvoie en effet, tout comme le grec *logos*, aux notions de calcul, de proportion, de mesure, et à celles de logique, de raisonnement et d'explication. En outre, le terme rejoint au IIIe siècle le domaine du langage et de l'énonciation (sens : « discours »), et, à partir du VIe siècle, entre dans le domaine judiciaire (sens : « débat »).

Ancien français

1. Comme en latin classique, *raison* marque en ancien français la conformité avec les notions de vérité et d'équité. Dès le XIIe siècle, on trouve ainsi dans les textes la locution prépositionnelle *par raison*, synonyme de l'adverbe *raisonnablement*, et la locution verbale *avoir raison* (sens moderne) :

> Et que vous dourriés au soudanc pour vostre delivrance ? –
> Ce que nous pourrions faire et ofrir *par reson.*
> (*Vie de saint Louis*, § 336)

2. Le sens latin de « compte » réapparaît lui aussi en ancien français, attesté dès le XIIe siècle ; à partir de ce sens cependant, on passe rapidement à celui de « faculté de compter », puis de « faculté de juger, discernement, pensée » (toujours au XIIe siècle), mais *raison* peut aussi être utilisé aux sens de « cause », « argument », « explication », notamment dans la locution *mustrer reisun* (« expliquer, dire pourquoi ») :

> Il ne les en voult onques croire, la *reson* pour quoy que il
> dit que il en donroit cuer a ses anemis.
> (*Vie de saint Louis*, § 149)

> E jeo vus voil *mustrer reisun*
> Que il deit issi aveir nun. (*Chaitivel*, v. 209-210)

3. Conformément au chemin parcouru par *ratio* après la période latine classique, la *raison* désigne couramment au Moyen Âge le « discours », et le verbe *araisonner* (issu du latin non classique **adrationare*), que l'on trouve parfois sous la forme *aresnier* (chez Chrétien de Troyes notamment) peut se traduire par « adresser la parole à qqn » ; il est synonyme de la locution verbale *metre a raisun* :

> La meschine l'*areisuna* :
> "Sire, fet ele, vus amez !" (*Guigemar*, v. 444-445)
> Si la mist a *reisun* un jur :
> "Bele, fet il, ore est issi
> Ke de mei avez fet ami." (*Fresne*, v. 276-278)

4. Enfin, comme en latin vulgaire, *raison* appartient au domaine judiciaire et peut, en ce sens, s'opposer au *tort*. C'est pourquoi la *desraison* désigne souvent le contraire de la justice, *i.e.* l'injustice, tandis que le verbe *desraisonner* (graphié parfois *desrainier*) doit se traduire par « défendre en justice », « revendiquer » (les substantifs *desraine* et *desrainement* signifiant quant à eux « discours, conférence ») :

> E cil qui avoit *desreniee*
> Vers lui la terre a la pucelle
> Belissant, s'amie la belle... (*Perceval*, 2908-2910)

Évolution

A partir du XIIIe siècle, *raison* s'emploie de moins en moins au sens de « parole, discours », et se restreint au domaine de l'évaluation. Il est alors remplacé selon le cas par des termes tels que *compte*, *parole*, *discours*, *cause*, *moyen*, *justice*... De même, son antonyme *desraison* ne renvoie plus qu'à la notion de folie, tandis qu'*arraisonner* survit dans le seul domaine maritime.

Après le Moyen Âge, *raison* désigne donc uniquement « l'explication, l'argument, le motif » (l'expression *à plus forte raison* apparaissant au XVIe siècle), la « faculté intellectuelle » (pensez cette fois à l'expression *perdre la raison*, XVIe siècle), et « la conformité avec la vérité » (notamment dans la locution *donner raison à qqn*, XVIIIe siècle). Enfin, le terme continue de désigner la « proportion, le rapport » par le biais des expressions *en raison de* et *en raison inverse*, apparues au XVIIIe siècle.

Repaire et *repairier*

Étymologie

Le substantif *repaire* est le déverbal de *repairier*, issu du verbe latin *repatriare* (« rentrer dans sa patrie », « revenir chez soi ») dans lequel on distingue le terme *patria* (« patrie »), et le préfixe *re*, indiquant l'idée de retour. De façon figurée, le verbe peut aussi signifier, dès l'époque classique, « revenir à un sujet ».

Ancien français

En ancien français, le verbe *repairier*, apparu au XIIe siècle, a d'abord le même sens que son étymon latin ; il signifie notamment :

1. « Retourner dans sa patrie » (en particulier dans la chanson de geste, à propos des chevaliers partis outre-mer) :

> Jamés en France ne seron *reperant.* (*La Prise d'Orange*, v. 906)

2. Par extension, « revenir dans sa région », « revenir à son point de départ », quel qu'il soit, après un déplacement :

> Si se hasta tant li escuiers de savoir les nouveles et de *reperier* tost... (*La Mort Artu*, § 16, 36)

3. Par métaphore, « revenir à un état normal », après une maladie ou un évanouissement par exemple (*de pasmisons repairier*), ou encore (mais nous avons vu que ce sens existait déjà en latin), « revenir au sujet principal d'un récit ou d'une discussion » (en particulier après une digression).

Cependant, assez vite, l'idée de retour vers un point d'origine peut disparaître, et le verbe *repairier* en vient à signifier simplement : « revenir souvent dans un endroit », le « fréquenter assidûment », voire, après effacement du sème de répétition « se diriger vers », « rendre visite ».

Enfin, le sème de déplacement s'efface. *Repairier* devient alors le synonyme de *manoir* : « demeurer », « habiter », « résider » :

> Il torne cele part son frain et pense qu'il ira veoir ce leu por savoir qui i *repere.* (*La Mort Artu*, § 200, 8)

Paradigme morphologique

Le substantif *repaire*, déverbal de *repairier*, recouvre logiquement les sens de « retour » (dans sa patrie ou sa région), et de « lieu où l'on habite », qu'il s'agisse d'hommes ou d'animaux, autrement dit, de « terrier », « refuge », ou « demeure ». On trouve cependant dans les textes médiévaux un autre sens assez fréquent, celui de « lieu de réunion » (*repaire de fees*, *repaire de chevaliers*, etc.) ; il a pour synonyme *repairement*, beaucoup plus rare cependant.

Paradigme sémantique

Il faut distinguer les verbes signifiant « revenir en arrière » : *returner*, *raler*, *revenir* (ce dernier pouvant également s'employer de façon métaphorique), et les verbes signifiant « demeurer », « résider » : *manoir*, *demorer*, *habiter*, *converser*.

Évolution

En moyen français, *repairier* devient *repairer* par amuïssement phonétique du *i* ; il demeure dynamique et conserve ses sens principaux : « revenir », « rentrer chez soi », « demeurer », « séjourner ». Dans le cadre courtois, on note aussi le développement de l'expression *repairer autour du roi* : « fréquenter sa cour ».

Le substantif *repaire* demeure lui aussi bien vivant et continue de signifier « retour », « demeure », « habitat », etc. tandis que se développe la locution *soi mettre au repaire*, équivalent du verbe *repairer*. On note également dans les textes poétiques de l'époque l'opposition récurrente entre le *bas* ou le *mortel repaire*, qui désigne le « monde d'ici-bas », et le *celeste repaire*, qui réfère au « monde de l'au-delà ».

Au XVIIe siècle, le verbe se raréfie puis sort de l'usage ; le substantif subit alors, par contrecoup, un affaiblissement, et ne s'emploie plus que de façon figurée, toujours en mauvaise part (« retraite de bêtes sauvages », « retraite de brigands, de sorcières », etc.). Ceci explique sans doute pourquoi la langue développe les emplois du verbe *rapatrier*, créé de façon savante au XVe siècle sur le verbe latin (au moment de la relatinisation de la langue). Il signifie en particulier : « assurer le retour de quelqu'un dans son pays », « réconcilier deux personnes », son déverbal *rapatriement* signifiant quant à lui « retour », mais aussi « réconciliation », dans un registre plus bas et familier.

Sens et *Sen*

Étymologie

Attention à ces deux termes, qui, malgré leur ressemblance, ont deux étymons totalement différents. Ainsi, ***sens*** est issu de *sensus, um* (« sensation » en latin classique, mais aussi « organe des sens, manière de penser, idée, signification d'un mot »), lui-même issu du supin *sensum* du verbe *sentire* (« percevoir par les sens, percevoir par l'intelligence »), alors que la forme ***sen*** vient du francique **sin* ou **sinno* (« direction » et, après passage au sens abstrait : « dessein, projet »).

Ancien français

1. En ancien français, ***sen*** subit la contamination de *sensus* ; c'est pourquoi, s'il désigne toujours « le chemin, la direction », il réfère aussi, beaucoup plus souvent, à la « sagesse » et à l'« intelligence ». Chez Marie de France notamment, *sen* désigne le « bon sens », autrement dit, une « manière de penser orientée dans la bonne direction », signification dans laquelle l'influence conjointe des deux étymons se fait clairement sentir.

A partir du mot *sen*, on forme en ancien français l'adjectif *senez* (« sage, prudent, savant »), d'où toute notion spatiale a disparu, et dont la traduction est quelque peu différente suivant le contexte ; ainsi, dans la chanson de geste, l'homme *senez* est « celui qui est dans son droit », alors que, dans le roman courtois, *senez* qualifie celui dont la culture lui permet d'approcher l'idéal courtois :

> Bertran la tint et Guïelin li ber
> Et Guilebert, le preuz et le *sené.* (*La Prise d'Orange*, v. 1870-1871)

Autre terme important dérivé de *sen*, l'adjectif *forsenez* signifie au sens propre « qui est sorti de son bon sens », signification qu'il a conservée aujourd'hui :

> Et Sarrazin, li cuvert *forsené,*
> Bien les assaillent qu'il n'i ont demoré. (*Ibid.*, v. 863-864)

En revanche, il faut signaler que le verbe *assener* en ancien français rejoint la valeur concrète du terme *sen*, et signifie « viser, porter un coup » (dans une direction précise) ; il ne prendra une valeur figurée (exemple : « assener une vérité ») qu'à partir du XVIe siècle.

2. Le terme ***sens***, lui, retrouve les significations qu'il avait en latin, mais subit aussi l'influence de **sin*, puisqu'il entre dans la langue française avec des connotations morales qu'il n'avait pas auparavant. Il se différencie cependant du substantif *sagesse*, qui dénote un degré plus élevé d'intelligence et, dans le domaine courtois, est souvent associé à la *mesure*, puisque le *sens*, qui est aussi « bon sens », s'oppose à tout mouvement passionnel et démesuré.

Pour résumer, *sens* a donc quatre significations différentes en ancien français :

- « organe des sens » (issu du latin *sensum*) ;
- « bon sens, sagesse populaire » ;
- « action sensée » ;
- « direction spatiale » (ces trois derniers sens étant dus à l'influence de **sin*).

Évolution

La langue moderne a définitivement unifié les deux paradigmes déjà proches en ancien français, et a éliminé *sen*, qui tend d'ailleurs à régresser en moyen français. Une des meilleures preuves en est la réfection de *senez* en *sensé* au XVIIe siècle, qui montre que l'étymon *sen* de *senez* n'était alors plus connu ni perçu.

Pour retrouver la signification majeure qu'il avait en ancien français (« sagesse », « mesure »), *sens* doit aujourd'hui être accompagné de l'adjectif « bon ». Utilisé seul, il recouvre trois grands axes :

- la fonction de perception (*les cinq sens*) ;
- la direction spatiale (acception concrète ou abstraite), cf. *aller dans le bon sens* ;
- la signification (d'un mot, d'un acte, etc.).

Siecle

Étymologie

Le mot latin *saeculum, i* signifie « génération », « temps d'une génération humaine », « longue période » (notamment de cent ans). Au pluriel, il prend la valeur particulière de « très longue période » et, en latin chrétien, désigne le « monde », la « vie mondaine ».

Ancien français

Le Moyen Âge conserve les sens latins : « temps d'une génération », « longue période », « vie du monde ». Ce dernier sens domine cependant, avec deux acceptions distinctes :

– « vie terrestre », par opposition à la vie céleste (*l'autre siecle*) ;
– « vie dans la société laïque », par opposition à la vie monacale.

Ainsi naissent des expressions euphémistiques du type *le siecle trespasser*, *oublier le siecle*, *partir du siecle*, pour signifier « mourir ». D'autre part, à partir du sens de « vie du monde », « vie mondaine », l'ancien français crée la locution *savoir assez de siecle* : « connaître les manières du monde » (contraire : *savoir peu de siecle*).

Le Moyen Âge conserve également la valeur particulière du pluriel : « très longue période de durée indéterminée », avec, au XIIIe siècle, la naissance de l'expression *en siecles des siecles* (qui deviendra au XVIIe siècle *dans les siècles des siècles*) pour traduire la formule latine prononcée à la fin des oraisons : *in saecula saeculorum*. A la même époque se développe aussi le sens de « période de cent ans avec un début et une fin marqués précisément ».

Paradigme morphologique

• *Seculier* (XIIe siècle) : cet adjectif est un emprunt au latin *saecularis, e*, « qui vit dans le siècle, dans le monde laïque ». Il s'oppose à l'adjectif *regulier* (« qui vit dans le monastère et suit la règle de vie des moines »).

• *Seculaire* est un peu plus tardif (XIIIe siècle) ; il est lui aussi issu du latin *saecularis* et possède à l'époque les mêmes sens que l'adjectif précédent.

Évolution

Nous conservons aujourd'hui les principaux sens médiévaux de *siecle*, notamment le sens temporel (« période de cent ans »), et le sens religieux (« vie du monde »). Les nuances médiévales sont elles aussi conservées ; ainsi, le *siècle* peut désigner la « période de cent années comportant un début et une fin précisément datés » (comptés, pour ce qui nous concerne, à partir de la naissance du Christ), ou bien une « période de cent années environ avec des caractères précis » (*Siècle des lumières, siècle de Louis XIV*, etc.), ou encore, au pluriel, une « très longue période ».

Au XVIe siècle sont apparus les termes *séculariser* et *sécularisation*, qui possèdent dès lors leur sens moderne. Enfin, si *séculier* s'oppose toujours à *régulier* et conserve aujourd'hui ses sens médiévaux, *séculaire* a changé de sens au cours du temps : il signifie à partir du XVIe siècle « qui a lieu tous les cent ans » et, depuis le XIXe siècle, « qui existe depuis des siècles ».

Sire, seigneur

Étymologie

– L'adjectif latin *senex* fait *senior* au comparatif (sens : « plus âgé »). Dès l'Antiquité, il implique une nuance de respect et constitue un terme de déférence.

– Par la suite, en latin ecclésiastique, *senior* est d'un emploi fréquent pour désigner le Christ : il prend ainsi le relais de *dominus*, qui décline.

– Enfin, à partir du Xe siècle, *seniores* désigne les grands propriétaires terriens ; le mot se trouve ainsi associé aux notions de pouvoir et d'autorité.

NB : les deux formes *sire* et *seignor* s'expliquent de la façon suivante :

Le nominatif *senior* > **seior* > *sire* au cas sujet.
L'accusatif *seniorem* > *seignor* au cas régime.

Ancien français

Le mot est très important dans la langue du Moyen Âge et dans la société médiévale, où il possède plusieurs acceptions distinctes :

1. Acception générale : « seigneur », « maître » (par rapport aux serfs, aux esclaves, ou encore aux animaux), en concurrence avec *maistre*.

2. Acception féodale : du seigneur dépendent les terres, et parfois les hommes qui s'y trouvent. Le seigneur est en particulier le suzerain du vassal, qui, par l'*hommage*, se reconnaît son *homme*, autrement dit, lui offre ses services en échange de l'octroi d'un fief. Le seigneur et le vassal font donc couple dans une relation protecteur / protégé fondamentale pour la société féodale du Moyen Âge (lien qui aura tendance à se distendre au XIIIe siècle).

3. Acception religieuse : *Sire* tient lieu de traduction pour *dominus* (ce dernier terme s'étant réduit au Moyen Âge à *danz*, avec, pour cas régime, *dant*, ou *dame*, que l'on retrouve par exemple dans le terme médiéval *Damedieu*). Ainsi l'appellation *Nostre Sire* s'adresse-t-elle à Dieu, au Christ, voire à un saint.

4. Dans le couple : *sire* peut désigner le « maître », le « mari » (le terme a subi le même glissement que *ber*, *baron*). En ce sens, il a pour synonymes, outre *ber*, les termes *espous* et *mari*. En fait, c'est le calque des relations mari / épouse sur le modèle seigneur / vassal (rapport de domination mais aussi de protection, de fidélité et d'engagement) qui permet d'expliquer cette évolution du sens de *sire*.

5. En apostrophe : le terme, très fréquent, n'est pas réservé au roi (attention au faux ami *sire* employé en apostrophe, qu'il faut traduire par « sire » s'il s'agit du monarque, et par « seigneur » dans le cas contraire). A partir du XIVe siècle en revanche, *sire* n'est quasiment plus utilisé que pour Dieu et le roi, sauf au pluriel, où le mot continue de désigner un groupe d'auditeurs ou de spectateurs qui ne sont pas forcément nobles (c'est pourquoi, au pluriel, il convient parfois de traduire *seigneur* par « messieurs » plutôt que « seigneurs »).

6. Les formes renforcées : au cas sujet, on rencontre souvent les formes *mes-sire* et *mi-sire*, et, au cas régime, la forme *mon-seigneur* ; dans la littérature du XIIe siècle (et en particulier dans les romans de Chrétien de Troyes), on les utilise uniquement pour des personnes de la haute noblesse ; en effet, la présence de l'adjectif possessif insiste sur la dépendance et l'infériorité hiérarchique du locuteur.

Paradigme morphologique

Il s'agit dans tous les cas de termes relevant de la société féodale et du système politique qui en découle :

- *Seigneurial* (adjectif dérivant de *seigneur*).

• *Seigneuriage* (« droit du *seigneur* »).

• *Seigneurie* : (sens abstrait) « autorité du seigneur » ; (sens concret) « territoire où s'exerce l'autorité du seigneur ».

NB : *Vostre seigneurie* était le titre donné aux pairs de France (en revanche, pour s'adresser au roi, on utilisait l'expression *vostre majesté*, le roi étant d'ailleurs le seul à bénéficier de cette adresse).

Évolution

Avec la disparition de la déclinaison, chaque forme prend en quelque sorte son « indépendance » sémantique :

– *Sire* est senti comme archaïque à partir du XVIIe siècle et prend alors des tonalités péjoratives (pensez à l'expression *triste sire*). En revanche, il demeure bien vivant comme appellatif, et, suivi d'un nom de personne, peut être employé pour n'importe qui.

– *Sieur* : au XVIIe siècle, le terme prend une valeur honorifique, avant d'être employé dans le discours juridique (le *sieur* untel) ou dans un sens dépréciatif.

– *Monsieur* reste très vivant ; il désigne au XVIe siècle le « maître de maison » (celui qui a l'autorité sur les domestiques), puis, au XVIIe siècle, devient le titre du frère du roi ou de l'évêque d'une ville ; à cette époque, on l'utilise aussi de plus en plus souvent comme terme d'adresse pour un supérieur hiérarchique. Par la suite, il se généralise encore et on l'emploie aujourd'hui indifféremment pour s'adresser à toute personne de sexe masculin (même si l'on dit encore « c'est un monsieur » pour marquer son respect ou son admiration).

– *Seigneur* : jusqu'à la fin de l'Ancien Régime, le *seigneur* est un gentilhomme, ou un personnage de haut rang, et, dans un contexte religieux, Dieu ou le Christ. Aujourd'hui, le mot garde essentiellement sa valeur historique (équivalent du suzerain dans le couple seigneur / vassal), ou sa valeur religieuse.

– *Monseigneur* : au XVIIe siècle, en emploi absolu, le terme désigne le fils aîné du roi, à savoir le Dauphin et, par extension, s'applique aux hauts dignitaires du royaume (princes, ducs, archevêques, maréchaux). On le conserve aujourd'hui pour les princes de familles souveraines, les cardinaux et les grands prélats.

Talent

Étymologie

Talent vient du latin *talentum*, lui-même issu du grec *talenton*, qui désigne à l'époque classique la monnaie. En latin, le terme recouvre trois sens différents :

1. Unité de poids (environ 25 kg) et de compte (équivalent de ce poids en or et en argent, pour les *talents* d'or et d'argent respectivement).

2. « Poids qui fait pencher la balance », d'où, « plateau de balance » puis « inclinaison » (sens concret).

3. Après passage au sens abstrait : « inclination ».

NB : la pénétration du mot et de ses sens concret et abstrait se serait faite par le biais du commerce, et notamment par les Grecs de Marseille.

Ancien français

Le mot apparaît tout d'abord dans le *Livre des rois* avec son sens originel de mesure de poids (sens qui devient très rare par la suite). Il est ensuite essentiellement employé au sens abstrait de « désir », « inclination », « envie », depuis la *Chanson de Roland* (fin du XIe siècle) jusqu'au XVIe siècle, sens sur lequel le Moyen Âge crée de nombreuses locutions :

– *avoir talent*, ou *avoir en talent* (« désirer ») :

> Del bien faire a chascuns *talent.* (*Perceval*, v. 4278)

> E *talent* ai e en pensé,
> Hastivement mer passerai. (*Milon*, v. 458-459)

– *venir à talent* (« plaire ») :

> Sel servirent et losangierent
> de quan que li vint a *talent.* (*Perceval*, v. 7983)

– *a talent* (« autant qu'il est possible »), et *a son talent* (« autant qu'il le souhaite », « conformément à ses désirs ») :

> Armes li dune *a sun talent.* (*Guigemar*, v. 48)

– *changer son talent* : « changer d'avis ».

– *par (grant) talent* : « avec (beaucoup d') entrain ».

Comme les substantifs *corage* et *cuer*, dont il est souvent synonyme, *talent* peut aussi désigner le « caractère », l'« esprit », la « disposition d'esprit », d'où les expressions :

– *avoir bon talent (a qqn)* : « être bien disposé envers qqn » ;
– *avoir fier talent* : « être fier, farouche » ;
– *cuer et talent muer* : « changer de disposition d'esprit, d'attitude, d'humeur ».

Paradigmes

Au même paradigme **morphologique** appartiennent les verbes *entalenter* : « désirer », *atalenter* : « plaire » et, surtout, le substantif *mautalent* : « ressentiment ». Celui-ci, refait en *maltalent* en moyen français (moment de relatinisation de la langue), conserve son sens originel jusqu'au XVIIIe siècle, avant de décliner et disparaître au XIXe siècle.

Sur le plan **sémantique**, nous avons évoqué plus haut (p. 73) les parallélismes entre *talent*, *cuer* et *corage* au sens de « désir », « volonté », nous n'y revenons donc pas ici.

Évolution

Le sens ancien de « désir », « inclination » et « envie », apparaît encore chez Rabelais, dans sa célèbre prophétie connue sous le nom de « Pantagruéline Pronostication » : « et quelquefois riront quand n'en auront talent » mais, dès le milieu du siècle, le mot a vieilli, et H. Estienne le définit en précisant : « *ancien* mot pour volonté » (*Précellence de la langue française*). En revanche, *talent* signifie de plus en plus souvent après le Moyen Âge « dispositions naturelles ou acquises dans une activité » ; il s'agit là d'un sens d'origine chrétienne, s'appuyant sur la parabole des talents présente dans l'évangile de saint Matthieu, XXV :

> Un homme qui partait en voyage appela ses serviteurs et leur confia ses biens. A l'un il donna une somme de cinq *talents*, à un autre deux *talents*, au troisième un seul, à chacun selon ses capacités, puis il partit. Aussitôt celui qui avait reçu cinq *talents* s'occupa de les faire valoir et en gagna cinq autres. De même celui qui avait reçu deux *talents* en gagna deux autres. Mais celui qui n'en avait reçu qu'un creusa la terre et enfouit l'argent de son maître. A son retour le maître jugea favorablement les deux premiers et considéra le troisième comme un homme paresseux et in-

> utile : "Serviteur mauvais et paresseux, tu savais que je moissonne là où je n'ai pas semé, que je ramasse le grain là où je ne l'ai pas répandu ; alors il fallait placer mon argent à la banque, et, à mon retour, je l'aurais retrouvé avec les intérêts. Enlevez-lui donc son *talent* et donnez-le à celui qui en a dix".

Le sens de la parabole est qu'il faut faire fructifier ses *talents*, c'est-à-dire ses dispositions naturelles et intellectuelles. En latin scolastique, le mot *talentum* a d'ailleurs le sens de « dispositions naturelles » dès le XIIe siècle, notamment chez Abélard (1079-1162). Cela dit, en français, le mot n'acquiert ce sens qu'après la Réforme (les protestants employaient en effet le français comme langue religieuse), et l'un des premiers exemples en langue française apparaît, selon Bloch et Wartburg, chez le protestant Duplessis-Mornay.

Au XVIIe siècle, cette acception devient courante chez les auteurs classiques ; depuis le XVIIIe siècle cependant, on note une opposition fréquente entre le *génie* et le *talent*, au détriment du second, le *talent* exigeant seulement du goût, de l'habileté et du savoir-faire, alors que le *génie* suppose des dons hors du commun.

Traire

Étymologie

Le verbe *traire* remonte à deux verbes latins distincts :

– *trahere* : « tirer », « traîner » ;

– *agere* : « faire », « agir ».

Après la période classique, les similitudes morphologiques (cf. participes passés : *tractus* et *actus*) et phonétiques de ces deux verbes ont entraîné la réfection de *trahere* en **tragere* ; ce nouveau verbe, qui garde le sens de *trahere*, donnera par évolution phonétique normale *traire* / *trere* en ancien français.

Ancien français

La notion dominante est toujours celle de mouvement ; *traire* conserve également la richesse sémantique du verbe latin, et notamment les sens figurés que celui-ci possédait alors : « entraîner », « attirer »... En tout, on relève 16 nuances sémantiques dans le *Greimas*, ce qui oblige, pour étudier ce verbe, à s'y prendre de façon logique et organisée, en opposant par exemple le sémantisme transitif au sémantisme réflexif :

1. Sémantisme transitif

• ***(Traire)* vers soi** : « déplacer », « tirer », « haler » (si on possède un moyen de traction), « attirer » (dans le cas contraire). Au sens abstrait, *trere la parole de quelqu'un* signifie en particulier le « faire parler » :

> ... antre ses braz la reprist
> maintenant et vers lui la *traist.* (*Perceval*, v. 1976-1977)
> Quant l'an ne puet *parole traire,*
> comant puet il chevalier faire ? (*Perceval*, v. 927-928)

• **(*Traire*) à partir de soi** : « lancer » (s'il y a séparation), suivi de COD tels que *saiete* (« flèche »), *bozon* (« grosse flèche »), ou *javelot*, et « tirer », dans le cas contraire (dans le cas d'une épée en particulier, mais on trouve aussi, dans un registre nettement moins noble, *trere la langue*) :

> Et cil adonc se porpensa
> Que *s'espee* adonques *traira.* (*Bel Inconnu*, v. 3165-3166)

NB : *traire* s'utilise aussi de façon absolue, en sous-entendant le COD ; il signifie alors « tirer (une flèche) », notamment dans les expressions *trere d'arc* et *trere d'arbaleste* :

> Et sachiés que ce fu un tres biau fait d'armes, car nulz n'i *traioit ne d'arc ne d'arbalestre.* (*Vie de saint Louis*, § 229)

• **(*Traire*) à partir d'un autre lieu** : « extraire », « retirer ». Ainsi, dans les textes médiévaux, on voit souvent les *valets* et les *sergents* (« serviteurs ») *traire les nappes*, c'est-à-dire les « sortir » (pour les mettre sur les tables) :

> Li sires au vaslet comande
> l'eve doner et napes *traire.* (*Perceval*, v. 3242-3243)

• **(*traire*) avec soi** : « emmener » (qqn), « emporter » (qqch).

• Ajoutez à ces différents sens de très nombreuses **expressions** :

– *trere a chief* : « mener à bien » (une entreprise) ;
– *trere en cause* (ou en plait) : « citer en justice » ;
– *trere a chevaus* : « écarteler » ;
– *trere aus avirons* : « ramer » ;
– *trere mal, trere poinne, trere penitence* : « endurer une souffrance, un chagrin, une pénitence » ; le terme est alors quasiment synonyme de *mener* ou *soffrir* ;
– *autre chose n'en puis traire* : « je n'en puis avoir rien d'autre, je dois m'en contenter ».

2. Sémantisme réflexif (quand le sujet est aussi l'objet du déplacement)

• Sens concret : *traire*, ou *soi traire* : « aller », « se diriger » (*encontre*, *vers*, *pres de*...) ; en particulier, *soi traire a cheval* : « partir à cheval », et *soi traire arriere* : « se retirer », « reculer » (contraire : *soi trere devant*) :

> Lors s'est la pucele *arriers traite*. (*Perceval*, v. 1733)

• Sens abstrait (ou métaphorique) :

– *(soi) traire a femme* : « épouser une femme », « prendre une épouse » ;
– *(soi) traire a quelqu'un* : « ressembler à quelqu'un » ;
– *(soi) traire a la mort* : « agoniser ».

Paradigme morphologique

• *Retrere* (XIe siècle) : « retirer qqch », « abandonner un lieu », mais aussi, dans une acception figurée, « raconter » :

> Quant il l'oï dire et *retraire*,
> Dolenz en fu, ne sot que faire. (*Fresne*, v. 59-60)

• *Portrere* (XIIe siècle) : « dessiner », « représenter » ; nous l'avons conservé aujourd'hui par le biais de son participe passé substantivé *portrait*.

• *Soustrere* (XIIe siècle) : emprunté au latin *subtrahere*, il signifie, comme son étymon, « retirer », « enlever ».

• *Abstrere* (XIVe siècle) : emprunté au latin *abstrahere*, il signifie, de façon concrète, « détacher », « éloigner », mais prend aussi un sens intellectuel : « isoler, éloigner du monde sensible » (par la concentration, le recueillement, etc.)

• *Extrere* (XVe siècle) : issu du latin vulgaire **extragere*, réfection du latin classique *extrahere* ; il signifie « faire sortir », « retirer », « enlever ».

• *Trait* (XIIe siècle) : du latin *tractus* (« action de tirer, de traîner ») ; en ancien français, il conserve le sens de son étymon (*animaux de trait*), mais désigne aussi, plus généralement, un « acte », une « action », ainsi que le « projectile que l'on lance ».

Évolution

Traire ne conserve aujourd'hui que le sens de « tirer le lait du pis des vaches », apparu au XIIIe siècle ; dans la plupart de ses autres emplois, il a été remplacé par le verbe *tirer*, d'origine obscure[1], qui possède dès le XIIe siècle de nombreux sens attestés : « tendre, amener à soi, attirer, traîner, se mouvoir, se rapprocher ».

Les composés de *traire* demeurent en revanche beaucoup plus dynamiques puisque nous avons conservé *soustraire*, *extraire* et *abstraire* dans le langage courant, ainsi que les participes passés substantivés *extrait* et *abstrait*.

Quant au substantif *trait*, il conserve aujourd'hui la plupart de ses acceptions médiévales mais aussi les sens développés après le Moyen Âge : « ligne tracée » (XVIe siècle), « lignes du visage » (même époque), et, au XVIIe siècle, « marque de caractère » (*trait de caractère*), « acte ou parole méchante » et « parole brillante, spirituelle » (*trait d'esprit*).

Travail et *travailler*

Étymologie

Travail est issu du latin vulgaire *tripalium*, « instrument rudimentaire fait de trois pieux plantés en terre et servant à immobiliser chevaux et bœufs pour les ferrer ou les soigner ». Dès le VIe siècle, le terme appa-

1. L'une des explications, peu vraisemblable, est la décomposition du verbe *martirier* (« martyriser »), en *mar* (« pour mon / ton / son malheur »), et *tirier* (« arracher »), le supplice consistant bien souvent, au Moyen Âge, à arracher les membres de la victime.

raît sous la forme *trepalium* au sens d'« instrument de torture » et donne lieu au verbe *tripaliare* : « torturer », « tourmenter ».

Ancien français

1. Les premières attestations du substantif *travail* datent du XIe siècle, dans les *Lois de Guillaume le Conquérant* ; le sème dominant est alors « souffrance infligée à autrui comme châtiment ». Cela dit, *travail* peut aussi référer au tourment recherché ou subi passivement ; il est alors fort souvent associé à *ahan*, *painne* et *mal,* notamment dans l'expression *metre poinne et travail pour* (+ infinitif ou nom), signifiant « se donner du mal pour » :

> Asez seofre *travail* e peine. (*Guigemar*, v. 687)

NB : *travail* conserve aussi au Moyen Âge le sens étymologique d'« instrument de contention ».

2. Le verbe *travaillier* est le plus souvent **transitif direct**, avec un nom de personne ou le substantif *cors* pour complément. Il conserve le sens de son étymon : « faire souffrir », « torturer » et peut référer notamment à la souffrance du guerrier dans la chanson de geste ou à celle du Christ sur la croix :

> Lessas ton cors *travaillier* et pener
> et en la croiz et ferir et navrer. (*La Prise d'Orange*, v. 786-787)

En emploi **absolu**, *travailler* signifie « souffrir » :

> Tute la nuit ad si veillé
> Et suspiré e *travaillé.* (*Guigemar*, v. 411-412)

En revanche, en emploi **pronominal**, *soi travaillier* signifie souvent que la souffrance subie a été recherchée ; il inclut donc un sème d'effort (« s'efforcer de, se donner de la peine pour ») :

> Li autre molt se *traveillierent*
> de lor oste bien aeisier. (*Perceval*, v. 1928-1929)

Enfin, le **participe passé** *traveillé*, souvent employé en binôme avec *las*, *lassé et pené,* signifie plutôt « épuisé », « exténué » :

> Mes las e *travaillez* esteit. (*Eliduc*, v. 956)

Évolution

• A la fin du Moyen Âge, *travaillier* prend pour la première fois l'acception moderne.

• La notion d'effort et de souffrance disparaît peu à peu, de sorte qu'aujourd'hui, le sens de « faire souffrir » est « vieux », celui d'« agiter » est « littéraire », et celui de « préoccuper », « familier » (*Petit Robert*). *Travailler*, c'est donc avant tout « avoir une activité volontaire et productive » ; en ce sens, le verbe a d'ailleurs remplacé *ouvrer* au XVIe siècle (*ovrer* en ancien français, dérivé du latin *operare*), victime des confusions avec *ouvrir*, et que nous avons seulement conservé dans l'expression *jour ouvrable* par opposition au *jour férié*.

• De même, le substantif *travail* signifie surtout, désormais, « activité volontaire et productive », et le sens d'« activité pénible » est considéré comme « vieux » (sauf dans l'expression « femme en travail ») ; en outre est apparu au XVIIe siècle le sens d'« activité continue d'une force naturelle ou d'un organe » : *travail* de la fermentation, *travail* d'un muscle, etc.

• Enfin, *travailleur* a suivi la même évolution sémantique que le verbe : en ancien français, le *travailleor* désigne le « bourreau », puis « celui qui travaille et qui exerce une activité pénible ». Depuis le XIXe siècle en revanche, on distingue les *travailleurs* des *patrons*, les *travailleurs salariés* des *travailleurs indépendants*, etc., signe que le terme est devenu plus générique.

Vaillant

Étymologie

Vaillant est en fait le participe présent du verbe *valoir*, lui-même dérivé du latin classique *valere* : « être fort, vigoureux, puissant », mais aussi « s'établir, équivaloir, coûter, signifier ».

Ancien français

En ancien français, le premier sens de *valoir* est « avoir du mérite, avoir du prix, être estimé à telle valeur, être égal en valeur ». *Vaillant*, qui en est le participe présent, signifie donc tout d'abord « qui vaut », « qui a de la valeur », en particulier dans l'expression *n'avoir pas un sou vaillant*, conservée en français moderne, qui signifie « ne rien posséder ».

Par la suite, dès le XIe siècle, le mot prend le sens de « courageux », « valeureux », la valeur, dans une société féodale et militaire, se confondant bien souvent avec le courage. *Vaillant* devient alors synonyme de *preu* et *courtois*. Dans les textes cependant, *vaillant* ne qualifie pas seulement des hommes ou des femmes, mais aussi, parfois, des villes et des cités ; c'est en tous cas un adjectif **toujours valorisant**, qui renvoie à la haute qualité d'un être humain ou d'un inanimé :

> Tote la vile a porprise Bertrans
> Por gaagnier la fort cité *vaillant.* (*La Prise d'Orange*, v. 1823-1824)
>
> S'en tret Orable, la dame au cors *vaillant.* (*Ibid.*, v. 1851)
>
> Avec les messages aus amiraus d'Egypte envoia le roy mon seigneur Jehan de Valenciennes, *vaillant* home et sage. (*Vie de saint Louis*, § 469)

Paradigme morphologique

Le substantif *vaillance* apparaît au XIIe siècle ; il signifie d'abord « valeur » puis, très vite, « valeur guerrière », « vaillance », « courage ». Il a pour synonymes en ancien français *noblesse*, *courage*, *valeur*, *proësce*...

Paradigme étymologique (termes descendants du verbe latin *valere*)

Il comprend :

• Le verbe *valoir*, déjà cité.

• L'adjectif *valable* (XIIIe siècle), dont le sens est « qui remplit les conditions requises », puis, au XVe siècle, « qui a du mérite, qui a de la valeur », et enfin, au XXe siècle, sous l'influence de l'anglais *valuable*, « important, qui vaut la peine ».

• Le substantif *value* (XIIe siècle), participe passé de *valoir*, qui disparaît ensuite pour ne plus subsister que dans les composés *plus-value* (XVe siècle) et *moins-value* (XVIIIe siècle).

• Le verbe *évaluer* (XIVe siècle) et son déverbal *évaluation* (XIVe siècle), suivi, au XVIe siècle, par le verbe *réévaluer* et le déverbal *réévaluation*, puis, beaucoup plus tard, par le verbe *dévaluer* (XXe siècle) et le déverbal *dévaluation* (XXe siècle), ainsi que par le verbe *surévaluer* (XXe siècle).

• Le substantif *vaurien* (XVIe siècle), qui désigne un « personnage qui ne vaut rien, méprisable », puis un « garnement » (surtout jeune).

Paradigme sémantique

Pour qualifier un personnage de valeur, l'ancien français a à sa disposition un très grand nombre d'adjectifs parmi lesquels *bon*, *preu*, *gentil*, *courtois*, mais aussi *corajos* (qui, en ancien français, signifie aussi « désireux »), *franc*, et, à partir du XVe siècle, *valeureux*.

Les textes médiévaux, il faut le noter, font aussi appel à des substantifs employés comme adjectifs, tels *baron*, *chevalier*, *vassal* (voir les fiches correspondantes, p. 30, 49, 209).

Évolution

Le terme *vaillant* garde en français moderne ses sens médiévaux, même s'il est surtout utilisé aujourd'hui pour qualifier une personne en bonne santé et vigoureuse : *se sentir vaillant*.

En revanche, remarquez que le substantif *vaillance* désigne simplement la « bravoure », le « courage », et jamais l'« ardeur physique ».

Enfin, comme nous le notions plus haut, la valeur étymologique de l'adjectif n'apparaît plus que dans l'expression *n'avoir pas un sou vaillant*.

Vassal et *vavasseur*

Étymologie

Vassal est un emprunt au latin médiéval *vassallus*, fait au VIIIe siècle sur le mot d'origine celtique *vassus*, « serviteur ». De l'époque franque à l'époque carolingienne, il passe du sens de « serviteur » à celui de « guerrier » (synonymes : *homo*, *miles*).

Quant à *vavasseur*, il est issu de l'expression *vassus vassorum*, « vassal de vassaux », et désigne en ancien français un « vassal de rang inférieur ».

Ancien français

1. *Vassal* apparaît dans la langue au XIe siècle ; dans le vocabulaire féodal, il désigne « l'homme lié à un seigneur qui lui concède un fief » et illustre l'importance de l'engagement humain dans l'organisation sociale du Moyen Âge. En ce sens, le terme appartient donc au vocabulaire historique et ne doit pas être traduit.

Vassal peut aussi être employé comme terme d'évaluation, sans référence au contrat vassalique. Il désigne un « homme dévoué et courageux », conformément aux qualités requises du « vassal idéal ». Parfois, il est même employé comme adjectif afin de qualifier des hommes « vaillants » et « preux » ; il ne faut alors pas le garder dans la traduction, et choisir l'adjectif le plus approprié (« vaillant », « courageux »...) :

> Molt fiert bien cascuns de l'espee,
> Molt est dure d'els la mellee,
> Molt sont *vasal*, fier caple font. (*Bel Inconnu*, v. 1427-1429)

Enfin, *vassal* apparaît souvent comme terme d'adresse ; il est alors très peu connoté, et peut prendre suivant le contexte une valeur positive, actualisant ainsi le sens précédent, ou négative, actualisant cette fois le sens hiérarchique « féodal », dans lequel le *vassal* est l'inférieur du suzerain. Dans l'exemple suivant notamment, la personne ainsi interpellée n'apparaît pas courageuse, mais, bien au contraire, insensée, ce qu'il faudrait restituer dans la traduction :

> *Vasal, vasal*, or est folie
> De mon cien qu'en faites porter ! (*Ibid.*, v. 1402-1403)

2. *Vavasseur* est moins fréquent que *vassal* ; il prend cependant une importance particulière dans les textes médiévaux, où les *vavasseurs* sont presque toujours des êtres charitables, accueillants et serviables. Bien qu'il représente le degré le plus bas de la hiérachie féodale, il est donc une figure sympathique et appréciée des auteurs, comme on le voit dans le roman d'*Erec et Enide* de Chrétien de Troyes :

> Un petit est avant passez,
> et vit gesir sor uns degrez

un *vavasor* auques de jorz,
mes molt estoit povre sa corz ;
biax hom estoit, chenuz et blans,
deboneres gentix et frans. (*Erec et Enide*, v. 373-378)

Paradigme

Vassalique et *vassalité* sont des termes historiques apparus à l'époque classique ; en revanche, l'adjonction du suffixe [-*age*], qui marque un état, permet de créer au XIIIe siècle le substantif *vasselage*, qui désigne « l'ensemble des qualités du vassal idéal » (traduction : « vaillance », « courage »), ou simplement un « exploit », une « action digne d'un vassal » :

Molt estoit biax et preuz et genz
et n'avoit pas .XXV. anz ;
onques nus hom de son aage
ne fu de si grant *vaselage*. (*Erec et Enide*, v. 89-92)

Évolution

Le sens dérivé de *vassal*, « inférieur », date du XIXe siècle ; en dehors de cet emploi, le terme demeure dans le vocabulaire historique, tout comme *vasselage*, *vassalique* et *vassalité*.

Vilain

Étymon

Le bas latin *villanus, um* désigne un homme travaillant ou / et habitant dans une *villa* (« ferme », « exploitation rurale »).

Ancien français

Entre le latin et l'ancien français le sens évolue peu : au XIe siècle, le *villain* est toujours un « paysan », un « homme qui habite la campagne ». S'y attache cependant déjà une connotation sociale négative, car l'homme de la campagne est le plus souvent un homme de basse condition (par opposition au bourgeois et au noble) :

> Devant nous avoit .II. serjans le roy, [...] a cui les Turs qui s'estoient mis entre le flum et le ru amenerent tout plein de *vileins* a pié qui leur getoient motes de terre.
> (*Vie de saint Louis*, § 240)

NB : cette nuance sociale n'est pas encore moralement péjorative ; au contraire même, le *villain*, paysan libre, s'oppose bien souvent au serf, qui, lui, ne l'est pas.

A partir du XIIe siècle en revanche, le mot commence à avoir une connotation franchement péjorative ; la culture dominante devient en effet la culture urbaine, ce qui entraîne un mépris croissant envers les paysans. En outre, notez l'influence néfaste d'une mauvaise étymologie : *vilis, vilem* (« de peu de valeur »), qui, malgré son caractère erroné, n'en influence pas moins le mot dans un sens négatif. C'est pourquoi la *vilenie* désigne dès lors l'attitude, la condition, ou l'action « ignoble » et « indigne » :

> Por ce que je sui pres que nue
> n'i panssai ge onques folie,
> ne malveistié ne *vilenie.* (*Perceval*, v. 1984-1986)

Évolution

Vilain se colore de plus en plus négativement en moyen français ; devenu avant tout une insulte et un terme dépréciatif, il laisse donc la place vacante pour un terme moralement neutre qui puisse désigner une simple réalité sociale ; ce sera le mot *paysan* (issu du latin *pagensis, em* : « habitant d'un canton, paysan »), rare au XIIIe siècle, mais qui se développe ensuite.

NB : *paysan* est le doublet de *païen*, ce qui signifie qu'ils sont formés tous deux sur le même étymon ; l'explication en est que les habitants des campagnes ont été les derniers à accepter la religion chrétienne.

Après le Moyen Âge, on constate un phénomène intéressant, par lequel le terme *paysan* se colore à son tour de façon négative (ce qui apparaît d'ailleurs logique dans une société où domine la culture urbaine). C'est pourquoi on le remplace à l'époque moderne par *agriculteur* ou *exploitant agricole* (du latin *ager, agri* : le « champ », et *agricola*, le « paysan »). Aujourd'hui cependant, avec le retour aux anciennes valeurs et le goût croissant pour une vie saine, associée de façon plus ou moins mythique dans l'imaginaire des citadins à la vie des campagnes (pureté de l'air, qualité des aliments, etc.), le terme *paysan* revient à la mode.

Quant au terme *vilain*, toujours adjectif ou substantif, il est devenu purement péjoratif, sans que subsiste la moindre nuance sociale ou géographique ; en outre, il est surtout employé par les enfants ou à propos d'enfants, car son sens s'est largement affaibli avec le temps ; c'est pourquoi on lui préfère dans d'autres contextes des termes plus évocateurs tels que *méchant*, *méprisable*, *mauvais*, *nuisible*, etc.

Visage (le vocabulaire du)

chiere, face, figure, viaire, vis, visage, vout

Étymologie

En latin, le terme usuel pour le visage est *vultus, us*, substantif masculin ; cependant, ce terme n'a eu en ancien français (comme dans les autres langues romanes) qu'une descendance très limitée. C'est pourquoi le français médiéval puis moderne a dû faire appel à d'autres termes d'origine latine dont il a modifié le sens premier pour désigner la « partie antérieure de la tête de l'homme ».

a. *Visus, us* : substantif formé sur le supin *visum* de *videre* (« voir » en latin). Ce terme désigne d'abord « l'action ou la faculté de voir », par extension le « sens de la vue », puis « ce qu'on voit ». Il donne en ancien français le substantif *vis*, sur lequel on forme *visage* par l'adjonction du suffixe [-*age*].

b. *Facies, ei* : de la même famille que *facere*, ce mot désigne la forme extérieure, l'aspect (d'une ville, d'un être humain) et en particulier les traits du visage en parlant d'une personne. On trouve encore aujourd'hui cette acception dans le substantif *faciès*, emprunt savant du XIXe siècle d'abord limité au vocabulaire technique, puis étendu (mais avec une nuance péjorative) à la langue courante.

c. *Figura, ae* : formé sur le radical du verbe *fingere* (« façonner », « modeler »), la *figura* évoque la façon dont une chose est façonnée, sa configuration, sa forme. Dans un emploi spécialisé, le terme peut aussi référer, à la configuration d'un corps ou d'un visage, voire d'un style (pensez à la « figure de style »).

d. *Cara, ae* : ce mot bas latin est emprunté au grec *kara* (« tête », « face ») ; il est de la même famille que *cerebrum*, dont les diminutifs *cerebellum* et *cerebella* donneront *cerveau* et *cervelle*.

Ancien français

Au Moyen Âge, de très nombreux termes permettent d'évoquer le visage, l'apparence, la mine ; voici les principaux :

Chiere : le terme renvoie tout d'abord au « visage » (en concurrence avec *face*, *visage*, et *vis*), qu'il s'agisse de celui de l'homme ou de l'animal. Il apparaît en particulier dans la chanson de geste, où de nombreux personnages sont qualifiés par une formule quasi homérique où apparaît ce mot ; exemples : *a la chiere hardie* (« courageux »), *a la chiere membree* (« célèbre »).

NB : par métonymie, *chiere* peut aussi désigner la tête tout entière (en concurrence cette fois avec *chief*) ; l'expression *chiere baissee* notamment est à traduire par « tête basse ».

Par glissement de sens, *chiere* prend très vite le sens de « air », « mine », qui permettent de comprendre l'état d'esprit du personnage, d'où les expressions « faire bonne *chiere* / mate *chiere* / bele *chiere* / *chiere* de feme corrocee », etc. On trouve même dans les textes médiévaux l'expression *faire chiere*, sans autre précision, au sens de « laisser transparaître ses sentiments ».

Enfin, par extension, *chiere* peut prendre le sens d'« accueil », dans les locutions *faire bone chiere* ou *faire chiere lie* (« faire bon accueil »), *faire laide* ou *male chiere* (« faire mauvais accueil ») et, par une nouvelle extension de sens, désigne parfois le « repas servi par l'hôte à son visiteur », la qualité de l'accueil se confondant avec celle de la nourriture.

Face : le terme est issu du bas latin *faciam* (qui remplace le latin classique *facies, ei*), et signifie essentiellement « visage » en ancien français :

> Il va son fil acoler et baisier ;
> Jos de la *face* li vit le sanc raier. (*Raoul de Cambrai*, v. 1665-1666)

A partir de ce sens sont créées de nombreuses locutions : *face a face* (« en présence directe l'un de l'autre »), *a pleine face*, *de pleine face*, *en pleine face* (« à visage découvert », puis « ouvertement », « nettement », « avec force »).

Par métonymie, *face* peut aussi désigner l'ensemble de la personne (ainsi, *devant sa face* signifie « devant lui »), et l'« apparence », notamment dans la locution *de prime face* (« à première vue », puis « aussitôt »).

NB : au pluriel (mais pas exclusivement), le mot peut signifier « joues » .

Viaire : le mot est d'origine obscure et peu fréquent en ancien français. On le trouve cependant dans plusieurs locutions du type *estre viaire* (« sembler »), et *venir a viaire* (« venir à l'esprit »), où *viaire* a le sens de « avis », « manière de voir » :

> Si se claime lasse, dolante, et debat son *viaire* et detort ses mains. (*La Mort Artu*, § 141, 7)

Vis : ce mot, très fréquent en ancien français, possède une grande richesse sémantique. Voici ses principales acceptions :

– « opinion », « avis » : ce sens dérive de l'expression latine *mihi est visum* (« il me semble »), devenue *ço m'est vis* en ancien français ; elle est présente dès les plus anciens textes :

> E ço m'est *vis* que ço est li om Deu. (*Vie de saint Alexis*, v. 343)

Très tôt cependant, cette locution est concurrencée par *ce m'est a vis*, attestée au début du XIIe siècle (*vis* est en effet pris pour un substantif que l'on fait précéder de la préposition *a*) :

> Certes, oïl, ce m'est *avis.* (*Jehan et Blonde*, v. 1135)

L'expression *ce m'est a vis* finit par supplanter *ce m'est vis*, à tel point que *avis* est pris pour un substantif signifiant « opinion », ce qui entraîne la création des locutions *a mon avis* et *au mien avis* (« selon mon opinion ») .

– « visage », « face » (ce sens est attesté dès les origines de la langue et dérive sans doute d'une extension du sens latin d'« apparence ») :

> Biax fix Raous, dist la dame au *vis* fier,
> a si grant tort guere ne comencier. (*Raoul de Cambrai*, v. 855-856)

Enfin, notez que dès le début du XIIIe siècle, l'ancien français crée la locution *vis a vis* sur le modèle de *face a face*, attestée quant à elle dès 1172. Néanmoins, *vis* souffre de sa polysémie et de son homonymie avec *vis* dérivé de *vitis* (« vrille », « escalier tournant ») ; c'est pourquoi l'on crée, à la fin du XIe siècle, le dérivé *visage*.

Visage : le terme désigne la partie antérieure de la tête et, plus particulièrement, la partie du corps humain sur laquelle se reflètent les humeurs :

> Les Sarrazins a pié leur getoient des motes de terre enmi les *visages*. (*Vie de saint Louis*, § 296)
>
> Vous savez que le sage dit que mesaise que l'omme ait ou cuer ne li doit paroir ou *visage*. (*Ibid.*, § 604)

Puis, par extension, *visage* désigne la « façade d'un monument », un « portrait », la « face d'un objet », la « tête », l'« air », la « mine », notamment dans les expressions *de bon visage* : « volontiers » ; *faire un visage de bois* : « faire une mine peu accueillante », et *monstrer bon visage* : « montrer une mine réjouie »; « faire bon accueil » (en concurrence avec *faire bonne chiere*). C'est pourquoi, de façon métaphorique, l'expression *a deux visages* ou *a double visage* qualifie une personne ou une notion peu fiable, « à double entente ».

Vout : le latin *vultus*, quoique peu prolifique, a cependant donné lieu à *vout* et *volt* en ancien français, qui apparaît sporadiquement au XIIe siècle avec le sens de « visage »...

> Va, pren son *volt* et sa figure,
> ses vestemens et son samblant,
> je retendray o moy l'enfant. (*Enéas*, v. 781-783)

Le terme peut aussi désigner une « image » représentant un objet ou un être et, en particulier, une « figure de cire » représentant une personne à laquelle on veut nuire par la magie noire. Ce dernier sens donne lieu au verbe *envoûter*, attesté au tout début du XIIIe siècle, bientôt suivi par le déverbal *envoûtement*.

NB : le mot, lié à la magie noire, devient peut-être tabou, ce qui expliquerait sa raréfaction au cours du XIIIe siècle.

Évolution

Chère a vieilli dès le XVIe siècle aux sens de « visage » et « mine », et seuls ceux d'« accueil » et de « réception » subsistent au XVIIe siècle. L'acception la plus fréquente aujourd'hui reste néanmoins celle de « bon repas », « festin », par le biais de la locution *faire bonne chère*.

Face a mieux résisté et demeure dans les locutions du type *face à face* (qui est même devenue un substantif), *à la face de*, *en face de*, *faire face*, etc.

Viaire, déjà rare en ancien français, a disparu après le Moyen Âge.

Visage conserve aujourd'hui son sens premier (« partie antérieure de la tête »), mais a perdu la plupart des sens qu'il avait encore dans la langue classique (« aspect », « tournure », en parlant des choses). Il demeure également dans le verbe *envisager*, dont le sens propre est « regarder au visage » (le sens moderne date de la fin du XVIIe siècle), sens aujourd'hui assumé par le verbe *dévisager*, qui signifiait jusqu'au début du XIXe siècle « défigurer ».

En moyen français, ***vout*** disparaît et ne survit que dans *envoûtement* et le verbe *envoûter*, qui prend, à la fin du XIXe siècle, le sens de « subjuguer qqn ». Le participe adjectivé *envoûtant* se développe quant à lui dans la seconde moitié du XXe siècle.

Le substantif ***figure***, rare en ancien français, ne signifie d'abord que « forme extérieure », d'où, par métonymie, « personne », puis « comportement » (cf. aujourd'hui encore l'expression *faire bonne figure*). En moyen français et au XVIe siècle, il tend même à se confondre avec *forme*, puis acquiert lentement son « indépendance sémantique », en se spécialisant dans le domaine des mathématiques et du portrait. Vers le milieu du XVIe siècle (en raison de son emploi dans l'art du portrait ?), il s'applique plus spécifiquement à la « forme du visage », sens qui se développe au XVIIIe siècle.

Pour finir, évoquons ***mine*** et ***minois*** : le premier, apparu en moyen français, est peut-être un emprunt au breton *min* (« bec », « museau »). Il fait d'abord référence à l'apparence du visage et du corps, et peut évoquer les grimaces ou les mimiques (notamment dans l'expression *faire mines* : « faire des grimaces »). En français classique, il entre dans la formation de diverses locutions telles que : *être sur sa bonne mine* : « avoir belle allure » ; *avoir / porter la mine de* : « paraître », « avoir l'air de » (+ infinitif), tandis que les *minettes* évoquent les « simagrées » et « minauderies ». Quant à *minois*, il est à l'origine un synonyme de *mine* mais n'est quasiment plus utilisé aujourd'hui que pour désigner le visage d'une jeune femme.

Conclusion

En guise de bilan, il faudrait souligner à nouveau les nombreuses variations subies au cours des siècles par les termes appartenant au champ lexical du visage ; elles s'expliquent peut-être par le capital d'affectivité et de subjectivité associé à cette partie du corps humain, la plus expressive qui soit, mais aussi la plus connotée esthétiquement et psychologiquement.

INDEX

Les termes indiqués en gras dans l'index font l'objet d'une présentation détaillée au sein de l'ouvrage.

E

F

G

H

I

J

L

M

R

S

T

V

Achevé d'imprimer en juillet 1999 dans les ateliers de Normandie Roto Impression s.a., 61250 Lonrai.
N° d'imprimeur : 991634. Dépôt légal : juillet 1999